Sylvia Bukowski

Du bist der Gott,
den ich suche

SYLVIA BUKOWSKI

DU BIST DER GOTT, DEN ICH SUCHE

GEBETE FÜR GOTTESDIENST UND ALLTAG

neukirchener
aussaat

Dieses Buch wurde auf FSC®-zertifiziertem Papier gedruckt.
FSC® (Forest Stewardship Council®) ist eine nichtstaatliche,
gemeinnützige Organisation, die sich für eine ökologische und
sozialverantwortliche Nutzung der Wälder unserer Erde einsetzt.

Bibliografische Information der Deutschen Nationalbibliothek

Die Deutsche Nationalbibliothek verzeichnet diese Publikation in der
Deutschen Nationalbibliografie; detaillierte bibliografische Daten sind
im Internet über http://dnb.d-nb.de abrufbar.

© 2014 Neukirchener Verlagsgesellschaft mbH, Neukirchen-Vluyn
Alle Rechte vorbehalten
Umschlaggestaltung: Andreas Sonnhüter, Niederkrüchten
Lektorat: Volker Hampel
DTP: Breklumer Print-Service, Breklum
Verwendete Schrift: ITC Weidemann
Gesamtherstellung: CPI books Ebner & Spiegel, Ulm
Printed in Germany
ISBN 978-3-7615-6125-6

www.neukirchener-verlage.de

Einleitung

Das positive Echo auf meine Gebete zu den Wochenpsalmen und deren häufiger Gebrauch haben mich ermutigt, ein weiteres Gebetbuch vorzulegen. Es enthält zwei Gattungen:

Zu jedem Sonn- und Feiertag des Kirchenjahres findet sich ein Gebet zu dem jeweiligen Eingangsspruch nach Vorgabe des Liturgischen Kalenders, daneben eine überarbeitete Fassung der Gebete zu den Wochenpsalmen, deren Neuauflage vielfach angefragt wurde.

Alle Gebete nehmen den menschenfreundlichen Gott Israels beim Wort. Im Namen Jesu breiten sie vor ihm Erfahrungen und Sehnsüchte der Gegenwart aus und bauen darauf, dass Gott sich durch den Heiligen Geist von dem, was Menschen bewegt, bewegen lässt.

Einsichten aus dem christlich jüdischen Dialog prägen die Gebete ebenso wie Erfahrungen aus der weltweiten Ökumene.

Das Buch ist für den Gebrauch im Gottesdienst und in Gemeindegruppen gedacht, kann aber auch die persönlichen Andachten durch die Woche begleiten.

Ich danke der Gemeinde Unterbarmen und der Vereinten Evangelischen Mission (VEM), die mir vor Ort und durch Aufenthalte in Kirchen des Global South den Blick geschärft haben für Glück, Sorgen und Schmerz Glaubender und für das, was sie zweifeln, vielleicht auch verzweifeln lässt. Viele Begegnungen und Gespräche haben meine Gebete geprägt.

Ein herzlicher Dank gilt auch Herrn Dr. Volker Hampel, der mit liebevoller Akribie die Texte lektoriert hat.

Wuppertal, im Mai 2014   Sylvia Bukowski

Siehe, dein König kommt zu dir,
ein Gerechter und ein Helfer.
(Sacharja 9,9)

1. Advent Ja, komm, du Gerechter,
und schaffe Recht denen,
die betrogen werden
um ihr Leben und um ihr Glück.
Komm, unser Helfer,
und richte die auf,
die an sich selbst
und am Leben verzweifeln.
Komm, Friedenskönig,
und weise uns ein
in die Regeln deines Schalom.
Vollende,
wozu unsere Kraft nicht reicht,
und halte unsere Hoffnung lebendig
auf dich
und auf dein kommendes Reich.

Bahne du dir den Weg zu uns

Barmherziger Gott,   Psalm 24
wir möchten uns öffnen
für dein Kommen.
Wir sehnen uns
nach deiner Nähe
und hoffen,
dass du unsere Erde verwandelst
in einen Ort
der Gerechtigkeit und des Erbarmens.
Aber gerade in dieser Zeit,
in der wir uns vorbereiten sollen
auf deine Ankunft,
sind wir mit so vielem anderen beschäftigt,
dass wir kaum zur Besinnung kommen.
Wir erschrecken,
wenn wir merken,
wie leer und ausgebrannt
wir am Ende oft sind
und wie hohl unsere Feiern
trotz aller Mühe.

Gott, bahne du dir den Weg zu uns.
Öffne bei uns Tor und Tür
für die Fülle deiner Liebe
und halte in uns die Erwartung wach,
dass mit dem Kommen deines Sohnes
Himmel und Erde erneuert werden.

Seht auf und erhebt eure Häupter,
weil sich eure Erlösung naht.
(Lukas 21,28)

2. Advent	Gnädiger Gott,
viele von uns
sehen dem Weihnachtsfest
mit Freude entgegen.
Andere haben den Kopf für nichts frei,
weil sie unter großem Druck stehen,
weil Ärger ihnen das Leben schwer macht
oder sie Abschiede nicht verwinden.

Breite deinen guten Geist aus
in unserer Mitte
und lehre uns,
Belastung und Freude
miteinander zu teilen,
damit wir gemeinsam
aus der Hoffnung auf dich leben.

Durchdringe die hohle Stimmungsmache

Barmherziger Gott,
jedes Jahr ärgern sich viele von uns
über die Geschäftigkeit der Adventszeit.
Wir durchschauen die Werbung,
die mit Gefühlen den Profit steigern möchte.
Wir prangern die Hektik an,
kritisieren den Kaufrausch.
Aber mit unseren gnadenlosen Urteilen
übersehen wir manchmal die Zeichen
einer verborgenen Suche nach Sinn.

Gott,
du weißt,
wonach Menschen sich sehnen,
weißt, was sie brauchen,
um ihre innere Leere zu füllen.
Durchdringe die hohle Stimmungsmache
mit Worten, die tragen.
Lass die Seele nicht hungrig bleiben.
Erfülle die Welt mit Freude
an deiner Menschenfreundlichkeit.

Psalm 80,
2–7.15–20

Bereitet dem Herrn den Weg, denn siehe,
der Herr kommt gewaltig.
(Jesaja 40,3a.10a)

3. Advent   Du Gott der Verheißung,
wir haben verlernt,
geduldig zu warten.
Unsere Sehnsucht nach dir
ist oft verschüttet
unter vielen anderen Wünschen.
Ausgelassene Freude
über dein Kommen
ist den meisten fremd geworden.
Gott, wir sind nicht bereit für dich!

Säe in uns neue Erwartung,
und bahne dir selbst einen Weg zu uns.

Lass dich erfreuen durch unser Lob

Du großer Menschenfreund,　　　　　　　　　　　Psalm 85,
wie viele Bitten musst du täglich hören,　　　　　2–8
wie viele Wünsche, wie viele Klagen.
Mit allem, was uns auf dem Herzen liegt,
kommen wir zu dir
und drängen auf Hilfe.
Aber wann hören wir deine Bitten?
Wann beachten wir deinen Schmerz
über den Zustand der Welt?
Wann nehmen wir deine Sehnsucht wahr
nach uns als Partnern deines Bundes?

Gott,
öffne uns Ohren und Herz
für deine Stimme.
Mach uns bereit,
dir Antwort zu geben
und dich zu trösten
mit Worten und Taten,
die die Wunden der Erde heilen
und Frieden stiften unter den Menschen.
Lass dich erfreuen durch unser Lob!

Freuet euch in dem Herrn allewege,
und abermals sage ich: Freuet euch!
Der Herr ist nahe!
(Philipper 4,4.5b)

4. Advent Du treuer Gott Israels,
schon immer
hast du dich zu den Verlassenen gehalten,
schon immer
warst du an der Seite derer,
die niemand tröstet,
schon immer bist du Zuflucht gewesen
den Unbehausten und Ruhelosen.

Aus deiner Nähe, Gott,
wächst Heil und Leben,
Grund zur Freude für alle Menschen,
die sich nach neuen Anfängen sehnen
für sich selbst und die Welt.
Wecke diese Freude
nun auch in uns.

Wir warten darauf

Du treuer Gott,   Psalm 102,
wie gut, dass aufgeschrieben ist,   17–23
was du an Israel getan hast,
wie gut, dass die ganze Heilige Schrift
bis heute Quelle der Hoffnung ist
auf deine Gerechtigkeit und dein Erbarmen.
Wir hören aus den biblischen Worten
den vielstimmigen Chor früherer Generationen,
die sich an dich geklammert haben
unter Tränen,
in Angst,
aber auch mit erleichtertem Herzen.
Mit allem, was uns heute bewegt,
stimmen wir ein
in die alten Sätze von Erfahrung und Sehnsucht.

Gott, wir warten darauf,
dass du auch heute noch
das Seufzen der Bedrückten hörst
und kommst,
um loszumachen die Kinder des Todes.

Das Wort ward Fleisch und wohnte unter uns, und wir sahen seine Herrlichkeit.
(Johannes 1,14a)

Heiligabend

Großer Gott,
richte unseren Blick
auf das Kind in der Krippe
und lehre uns,
in seiner Armut
deine Herrlichkeit zu erkennen.

Öffne unsere Ohren
für die Worte der Himmelsboten,
die unserer Erde
Frieden ansagen.

Reihe uns ein
in die Generationen,
die sich aufmachen,
den Christus zu finden
in Menschengestalt.

Füll unser Herz
mit den Lobgesängen
der heiligen Nacht,
und tauche unser Leben
in dein gnädiges Licht.

Wir sehnen uns nach einer heilen Welt

Heiliger Gott, Psalm 2
wir sehnen uns
nach einer Zeit
ohne Streit und Gemeinheit,
ohne die Angst, verletzt zu werden,
ohne Enttäuschungen in der Liebe.
Unbeschwert möchten wir heute
Weihnachten feiern.
Aber auch in der Familie
stehen wir selbst diesem Wunsch oft im Weg,
reagieren gereizt auf Nichtigkeiten,
geben Anlass zu unnötigen Debatten,
lassen nicht gelten,
was anderen wichtig ist.

Wir brauchen deine Hilfe, Gott,
damit das Fest gelingt
und wir lassen können,
was die Freude zerstört.
Breite deinen Frieden aus
in unserer kleinen und großen Welt
und lass uns alle von dem Heil kosten,
das Jesus gebracht hat.

Das Wort ward Fleisch und wohnte unter uns, und wir sahen seine Herrlichkeit.
(Johannes 1,14a)

1. Weihnachtstag

Du Gott der Fülle:
In schäbige Armut
wurde dein Sohn hineingeboren,
bedroht war sein Leben
von Anfang an.
Als kleines Kind
wurde er zum Flüchtling,
Fremden ausgeliefert
auf Gedeih und Verderb.
Was vielen Menschen das Leben schwer macht,
hat er ausgehalten
um unseretwillen.
Er besiegelt dein Versprechen,
dass du den Armen und Elenden nahe bist
und dich mit denen verbündest,
die verachtet und unerwünscht sind.

Lass uns das nicht vergessen
im festlichen Glanz dieser Tage.
Füll unser Herz mit Freude
über deine herrliche Menschlichkeit.

Höre alles

Barmherziger Gott,   Psalm 96
es wärmt uns das Herz,
dich mit alten und neuen Liedern zu loben
und nicht nur mit Worten,
sondern auch mit Musik
die Weihnachtsbotschaft zum Klingen zu bringen.
Mit uns freuen sich Menschen aus vielen Völkern,
und die ganze Schöpfung jubelt mit
über das Kind in der Krippe,
den Retter der Welt.
Manche singen aber auch heute
nur unter Tränen,
klammern sich an die Hoffnung der Lieder
gegen die eigene Hoffnungslosigkeit.

Gott, höre alles,
was wir in die Töne unseres Lobgesangs legen.
Tritt heilsam ein in unser Leben
und komm,
den Erdkreis zu richten mit deiner Gerechtigkeit
und die Völker mit deiner Wahrheit.

Das Wort ward Fleisch und wohnte unter uns, und wir sahen seine Herrlichkeit.
(Johannes 1,14a)

2. Weihnachtstag

Allmächtiger Gott,
Schöpfer des Himmels und der Erde:
Unfassbar ist deine Erhabenheit,
aber du begegnest uns
mit menschlichem Antlitz.
Du thronst über allem,
aber machst dich für uns
angreifbar und verletzlich.
Du, unser Helfer,
suchst unseren Beistand,
du, unser Tröster,
brauchst unseren Trost,
weil du mit deiner Schöpfung leidest.

Gott, du Lebendiger,
rede uns falsche Bilder aus,
lehre uns dich lieben und ehren
so wie du bist:
als menschlichen Gott,
mächtig und zart.

... und alles wird gut

Singt Gott,   Psalm 96
singt ihm viele Lieder,
denn seine Liebe ist wunderbar.
Die ganze Welt soll heute erfahren:
Unser Gott ist ein guter Gott.
Jeder Mensch soll heute wissen:
Gott hat mich lieb.
Freut euch
und lobt Gott mit allen Geschöpfen:
mit allen Tieren,
mit allen Pflanzen,
mit dem Meer
und mit den Bergen.
Die ganze Welt soll heute glücklich sein
über unseren Gott,
denn heute ist sein Sohn geboren –
und alles wird gut.

(Familiengottesdienst)

Das Wort ward Fleisch und wohnte unter uns, und wir sahen seine Herrlichkeit.
(Johannes 1,14a)

1. Sonntag nach Weihnachten

Gnädiger Gott,
nur hörend können wir erfassen,
was unseren Augen verborgen bleibt:
Das Kind im Stall,
in Windeln gewickelt,
ist dein göttlicher Sohn.
Der Prediger
ohne feste Bleibe
gibt deiner unbegrenzten Gnade Gestalt.
Der Mann am Kreuz
ist der Herr der Welt.

Gott, du bist größer,
als wir ermessen können,
und machst dich kleiner,
als wir erwarten.
Lass uns deine Herrlichkeit
in der Menschlichkeit Jesu erkennen.

Wir möchten auch bis ins Alter hoffen

Du Gott Abrahams und Sarahs:
Als dein Sohn geboren ist,
wurde die Sehnsucht der Alten erfüllt.
Sie konnten den sehen,
den sie ihr ganzes Leben
gesucht und erwartet haben.
Sie konnten das Kind ihrer Hoffnung
glücklich in den Armen wiegen.
Du grenzt die Alten nicht aus
aus dem Neuen,
das du beginnst.

Wir möchten auch bis ins Alter hoffen,
möchten Momente des Glücks erleben
und die Gewissheit behalten,
dass du dein Wort hältst
und unserem Leben ein gutes Ziel gibst.

Gott, mit denen,
die vor uns waren
wollen wir deiner Treue vertrauen
und dein Lob unter denen ausbreiten
die das Leben noch vor sich haben.

Psalm 71, 14–18

Barmherzig und gnädig ist der Herr,
geduldig und von großer Güte.
(Psalm 103,8)

Altjahrsabend / Silvester

Herr der Zeit und der Ewigkeit,
du füllst unser Leben
mit kostbaren Stunden
voller Glück,
voller selbstvergessener Freude,
ganz im Einklang mit dir.
Am liebsten möchten wir dann
die Zeit anhalten,
für immer im Moment verweilen.
Aber alles vergeht.

Doch auch die Zeiten,
die uns belasten,
bleiben nicht ewig.
Der Schmerz von Kränkungen,
von Abschieden und Niederlagen
quält nicht für immer.
Auch das Schwere vergeht.

Du hast allem seine Zeit gegeben,
deshalb vertrauen wir darauf,
dass unser Leben
zu allen Zeiten
bei dir, Gott, geborgen bleibt.
Du hältst uns in Glück und Unglück fest.
Deine Gnade vergeht nicht.

Lass uns in dieser Gewissheit
das Vergangene hinter uns lassen
und getrost in das neue Jahr gehen.

Nimm von unseren Schultern, was uns belastet

Hüter unseres Lebens,   Psalm 121
wir blicken zurück auf das vergangene Jahr,
auf Höhen und Tiefen,
und auch auf ganz normale Tage:
Manches ist uns gut gelungen,
manches hat uns glücklich gemacht.
Dafür möchten wir dir danken.
Aber wir haben auch Chancen vertan,
haben versagt,
sind schuldig geworden
an anderen Menschen und an dir.
Vergib uns und nimm von unseren Schultern,
was uns belastet.

Begleite uns in das neue Jahr,
stärke uns für unsere Aufgaben
und behüte uns vor allem Bösen;
behüte unsere Seele,
und segne unseren Ausgang und Eingang.

Alles was ihr tut mit Worten oder mit Werken, das tut alles im Namen des Herrn Jesus und dankt Gott, dem Vater, durch ihn.
(Kolosser 3,17)

Neujahrstag

Gott, Ursprung und Ziel unseres Lebens,
wir wünschten,
mit dem neuen Jahr
könnte auf einen Schlag
alles neu werden:
Wir kämen von schlechten Gewohnheiten los,
könnten alten Ärger hinter uns lassen
und unbeschwert von vorn beginnen.
Aber wir wissen,
wir nehmen die Vergangenheit mit
und müssen uns auch im neuen Jahr
mit vielen alten Problemen abplagen.

Im Namen Jesu bitten wir dich:
Gib uns die Kraft,
das zu verändern,
was möglich ist,
und gelassen zu ertragen,
was wir nicht verändern können.
Gib uns die Weisheit,
das eine vom anderen zu unterscheiden.

Gedenke unser in Barmherzigkeit

Der du die Sterne am Himmel zählst   Psalm 8
und Wolken, Luft und Winden gebietest:
Wenn wir die Größe des Weltalls bedenken,
fühlen wir uns wie ein Staubkorn,
winzig und völlig unbedeutend.
Wenn wir uns vor Augen halten,
wie viele Wünsche die Menschen haben,
können wir kaum glauben,
dass du auf alle Bitten achtest.
Gott, wir können nicht begreifen,
dass du in deinem Herzen
Platz hast für alle.
Wir können nicht fassen,
dass dir jeder Einzelne wichtig ist.

Aber wir vertrauen darauf,
dass es wahr ist,
und bitten dich:
Vergiss uns nicht,
wenn wir dich brauchen.
Gedenke unser in Barmherzigkeit,
wenn wir dich enttäuschen.
Vergib uns,
wenn wir schuldig werden.
Begleite uns gnädig
ins neue Jahr.

Wir sahen seine Herrlichkeit, eine
Herrlichkeit als des eingeborenen Sohnes
vom Vater, voller Gnade und Wahrheit.
(Johannes 1,14b)

2. Sonntag nach Weihnachten

Barmherziger Gott,
die Festtage sind vergangen.
In unser Leben kehrt der Alltag ein.
Aber die Botschaft soll nicht verklingen,
die von der Geburt deines Sohnes kündet
als Heil für uns und die ganze Welt.

Bewege uns zu einem Umgang,
der allen guttut,
der Stress verringert
und der ein Lächeln
auf die Gesichter zaubert.
Spiegle auch durch uns
die Buntheit deiner Gnade
in das Grau der Langeweile.
Heile, was krank ist
in unserem Verhältnis
zueinander und zu dir.

Schaffe Himmel und Erde neu

Du Freund der Menschen,
durch das Kommen deines Sohnes
hast du deinen Namen
über alles herrlich gemacht.
In der Schwachheit eines Kindes
zeigst du deine verändernde Kraft,
an dem Gekreuzigten den Sieg deiner Liebe.
Ganz anders, als wir es erwarten,
erlöst du die Welt aus dem Bann des Bösen,
vertreibst unsere Angst mit deiner Nähe
und bringst unser Leben gnädig zurecht.

Gott, lass nicht ab
vom Werk deiner Hände.
Schaffe Himmel und Erde neu!

Psalm 138, 2–5

Die Finsternis vergeht und das wahre Licht scheint jetzt.
(1. Johannes 2,8)

Epiphanias

Du Gott des Lichts, wir preisen dich:
In der Geschichte deines Volkes
hast du deine Liebe zum Leuchten gebracht,
und mit dem Stern von Bethlehem
hast du Menschen aus aller Welt
den Weg zu deinem Sohn gewiesen.
Verbünde uns über alle Grenzen
in Jesu Nachfolge.
Ermächtige uns zum Widerstand
gegen alles,
was seine Menschenfreundlichkeit verdunkelt.
Rüttele uns auf,
wenn wir uns schädlichen Illusionen hingeben.
Breite auch durch uns
das Licht deiner Barmherzigkeit aus.

Wir möchten so gern geborgen bleiben

Heiliger Gott,
wir möchten so gern geborgen bleiben
im Trost der Botschaft von Jesu Geburt.
Wir möchten gern glauben,
dass du mit ihm längst den gesandt hast,
der den Elenden Recht spricht,
der den Armen hilft gegen ihre Bedränger,
und der der Welt großen Frieden bringt.
Aber immer wieder schreit uns die Erde
ihr Leid entgegen;
auf viele Fragen wissen wir keine Antwort
und die Menge ungesühnter Verbrechen
stürzt uns in Zweifel.

Gott, sieh unsere Sehnsucht
nach festerem Glauben,
heile die Wunden deiner Schöpfung
und lass Gerechtigkeit und Frieden
aufblühen und wachsen in unserer Welt.
Herr, erbarme dich über uns.

Psalm 72,
1–3.10–13.19

Welche der Geist Gottes treibt,
die sind Gottes Kinder.
(Römer 8,14)

1. Sonntag nach Epiphanias

Gott, wie eine Mutter
bietest du uns Geborgenheit,
wenn wir uns klein und hilflos fühlen
wie ein Kind.
Aber du nimmst uns auch ernst
als erwachsene Frauen und Männer,
mutest uns Verantwortung zu
für unser Leben
und für die Zukunft unserer Erde.
Wir möchten dich nicht enttäuschen, Gott,
aber oft bleiben wir hinter unseren guten Absichten
zurück,
nutzen unsere Gaben nicht sinnvoll,
sondern lassen uns von Bequemlichkeit treiben.

Vergib uns, Gott,
und führe uns zum Handeln
im Geist der Besonnenheit, der Kraft und der Liebe.

Vereine uns mit Israel

Gnädiger Gott,
wie widersprüchlich sind die Menschen,
die du erwählt hast
und an die du dich bindest:
großherzig und boshaft,
liebevoll und eigennützig,
mutig und feige.

Durch David hast du Geschichte geschrieben,
Rettung gebracht in schweren Zeiten,
große Verheißungen gegeben
und sie bestätigt durch deinen Sohn.

Vereine uns mit Israel
und mit Christen aller Nationen
im Lob deiner Gnade und Treue.

Psalm 89,
2–6.20–23.
27–30

Das Gesetz ist durch Mose gegeben,
die Gnade und Wahrheit ist durch Jesus
Christus geworden.
(Johannes 1,17)

2. Sonntag nach Epiphanias

Du Gott aller Weisheit,
wir möchten,
dass unser Leben gelingt
und dass wir mit anderen gut auskommen.
Mit deinen Geboten zeigst du uns den Weg
und lehrst uns Freiheit,
die das Recht der anderen achtet.
Aber wir folgen deinen Regeln oft nicht,
trachten nur nach dem eigenen Vorteil
und sind nicht bereit,
uns einzuschränken um anderer willen.
Du entlarvst unsere Irrwege
durch die Gnade und Wahrheit Jesu Christi.

Wir bitten dich:
Ruf uns zurück zu dir!
Wecke in uns Lust und Liebe,
deinem Willen zu gehorchen,
und mache uns fähig
– je länger je mehr –
ihn zu erfüllen.

Wir danken dir, dass wir zu dir gehören

Du Heiliger Israels,
schon immer hast du Wunder getan,
um das Geschick Bedrückter zu wenden.
Aus Enge hast du in die Weite geführt,
aus Klage in die Freude,
aus Not in die Fülle.

Durch Jesus verwandelst du auch unser Leben
und machst uns zu Menschen,
die aufrecht und klar ihren Weg gehen können,
die der Liebe mehr trauen als der Gewalt
und die Hoffnung behalten
auch da, wo keine Hoffnung mehr ist.

Wir danken dir,
dass wir zu dir gehören.
Leite uns durch dein Wort
und begleite uns mit deinem Segen,
dass auch durch uns dein Name geheiligt wird
unter den Völkern.

Psalm 105, 1–8

Es werden kommen von Osten und von Westen, von Norden und von Süden, die zu Tisch sitzen werden im Reich Gottes. (Lukas 13,29)

3. Sonntag nach Epiphanias

Herr der Welt,
der Glaube an dich verbindet uns
mit Menschen aus allen Teilen der Erde.
Wecke unser Interesse
an fremden Kulturen und Lebensweisen.
Lass uns voneinander lernen
und inspiriere uns zu neuen Weisen,
deinen Namen zu loben.
Hilf uns,
Verschiedenheit
als Reichtum zu erkennen.
Eine uns
im Tun des Gerechten
und in der Hoffnung
auf dein kommendes Reich.

Weise uns, Herr, deinen Weg

Gott, Quelle des Lebens,   Psalm 86,
unsere Welt ist so unübersichtlich geworden,   1–11.17
dass wir uns manchmal
ganz verloren fühlen.
Woran sollen wir uns halten?
Wem sind wir wichtig?
Was können wir überhaupt noch bewirken?

Unsere Gewissheiten sind ins Wanken geraten,
viele unserer Werte zählen nicht mehr.
Mit manchen Neuerungen kommen wir nicht mehr
mit.

Weise uns, Herr, deinen Weg,
dass wir wandeln in deiner Wahrheit.
Erhalte unser Herz bei dem einen,
dass wir deinen Namen fürchten.

Kommt her und sehet an die Werke
Gottes, der so wunderbar ist in seinem Tun
an den Menschenkindern.
(Psalm 66,5)

4. Sonntag nach Epiphanias

Du, Schöpfergott,
hast unsere Erde
mit Wundern von Zartheit und Kraft erfüllt.
Wir sollten staunen
und uns freuen
an deinen Werken.
Aber oft hasten wir
an allem vorbei,
sind manchmal blind
für unsere Umgebung,
taub für das Seufzen der Kreatur,
stumm den Menschen gegenüber,
die auf ein gutes Wort von uns warten.

Gott, belebe unsere Sinne
zu neuer Achtsamkeit.
Öffne uns für deine Liebe
zu allen Geschöpfen.
Eine uns in der Freude an dir.

Überlass uns nicht unserem Überdruss

Gott, — Psalm 107,
wie oft hast du uns gerettet, 1–2.23–32
wenn wir zu versinken drohten
im Abgrund der Angst!
Wie oft hast du uns bewahrt
vor der Sturzflut der Verzweiflung,
wie oft unsere Füße
wieder auf festen Boden gestellt,
wenn alles ins Wanken geraten war.
Immer wieder hast du
Ruhe einkehren lassen
in unser Leben.
Dafür danken wir dir.
Aber manchmal denken wir mit Wehmut
an stürmischere Zeiten zurück,
als alles noch nicht so festgelegt war,
würden gern noch einmal Abenteuer erleben
und Herzklopfen haben.

Gott, in unsere Sicherheit
schleicht sich manchmal Langeweile,
und unsere Sattheit steht uns im Hals.
Überlass uns nicht unserem Überdruss.
Erbarme dich unser
und erfrische uns
mit neuen Entdeckungen und Aufgaben.

Der Herr wird ans Licht bringen, was
im Finstern verborgen ist, und wird das
Trachten der Herzen offenbar machen.
(1. Korinther 4,5b)

**5. Sonntag
nach Epiphanias**

Allwissender Gott,
was wird uns erwarten,
wenn du unser Leben
in dein Licht rückst?
Wirst du die Halbherzigkeit unseres Glaubens entlarven,
die Müdigkeit unserer Hoffnung,
die Bequemlichkeit unserer Liebe?
Wirst du uns vor Augen halten,
wie oft wir nur reden statt zu handeln,
wie schnell wir über andere urteilen,
wie geizig wir umgehen mit unseren Gaben?
Müssen wir uns fürchten
vor deinem Kommen,
oder wirst du uns behutsam
aus eingefahrenen Spurrillen lenken?

Gott, begegne uns
mit Erbarmen!

Wir sind so ungeduldig, Gott

Allmächtiger Gott,   Psalm 37,
dir unser Leben anzuvertrauen   1–7a
und darauf zu hoffen,
dass du alles gut machst,
geht uns oft gegen den Strich.
Wir wollen nicht stille sein
und auf dich warten,
sondern über unser Leben bestimmen,
möglichst selbst alles im Griff behalten
und entscheiden, wann wir dich brauchen.

Wir sind so ungeduldig, Gott,
und überfordern uns dabei so sehr,
dass wir ausbrennen und zerbrechen.
Lehre uns, unsere Grenzen zu erkennen
und zu unterscheiden,
wann wir selbst aktiv werden müssen
und wann wir uns tragen lassen dürfen
von dir.

Über dir geht auf der Herr,
und seine Herrlichkeit erscheint über dir.
(Jesaja 60,2)

**Letzter Sonntag
nach Epiphanias**

Gott, Quelle des schöpferischen Lichts,
du hast dem Leben vieler Menschen
eine neue Wendung gegeben,
hast verborgene Talente geweckt
und ungeahnte Kräfte erschlossen.
Wir glauben manchmal,
wir seien am Ende,
alles sei für uns gelaufen,
es gäbe nichts mehr zu erwarten.

Wenn wir uns aufgeben,
gib du uns nicht auf.
Hilf uns,
uns neu zu erfinden
und zu entfalten
im Licht deiner Güte.

Wie wirst du uns begegnen?

Gerechter Richter,   Psalm 97
die Botschaft,
dass keine Macht der Welt
dir trotzen kann
oder deinem Urteil entgeht,
ist tröstlich für alle,
die unter korrupter Herrschaft leiden.
Du machst den Unterlegenen Mut
und lässt die hoffen,
die betrogen werden
um ihr Recht und ihr Glück.

Aber wie wirst du uns begegnen?
Wir gehören auf die andere Seite.
Uns geht es gut,
wir profitieren in vieler Hinsicht
von der Ausbeutung anderer Menschen.

Gott, weise uns
den Weg deiner Gerechtigkeit
und erbarme dich
auch über uns!

Wir liegen vor dir mit unserem Gebet und vertrauen nicht auf unsere Gerechtigkeit, sondern auf deine große Barmherzigkeit.
(Daniel 9,18)

3. Sonntag vor der Passionszeit / Septuagesimä

Gott, Geber aller guten Gaben,
wir danken dir,
dass du uns manches gelingen lässt.
Wir freuen uns
über unsere Stärken
und sind stolz
auf unsere Erfolge.
Lass uns darüber nicht selbstgerecht werden
und auf andere herabsehen,
die weniger leisten
oder deren Gaben
unseren Augen verborgen sind.
Befreie uns
von eitlem Rechnen und Vergleichen
und schärfe uns ein,
dass wir alle
von deiner großen Barmherzigkeit leben.

Bewahre uns vor Resignation

Du Quelle des Segens,
wenn wir sehen,
wie armselig das kirchliche Leben
in unserer reichen Gesellschaft ist,
denken wir manchmal,
du hättest uns verlassen.
Mehr noch als unter kritischen Stimmen
leiden wir unter der Gleichgültigkeit,
die uns so oft entgegenschlägt.
Die kleinen Zahlen im Gottesdienst
machen uns manchmal furchtbar mutlos,
und nur mit Sorge
blicken wir der Zukunft entgegen.

Gott, bewahre uns vor Resignation.
Schenke uns Mut und neue Ideen,
um Menschen einzuladen
in unsere Gemeinschaft
und in deine Nachfolge.
Lass uns deine Nähe spüren!

Psalm 31, 20–25

Heute, wenn ihr seine Stimme hört,
verstockt eure Herzen nicht.
(Hebräer 3,15)

2. Sonntag vor der Passionszeit / Sexagesimä

Barmherziger Gott,
du hast Worte des Lebens für uns.
Aber statt aufmerksam auf sie zu hören,
sind wir oft gefangen in eigenen Gedanken
und grübeln über Belanglosigkeiten.

Lass nicht zu,
dass wir uns auf Dauer
deiner Stimme verschließen,
die uns aus der Enge unseres Denkens herausruft.
Löse mit deinem Wort
unsere Blockaden.
Lass uns jetzt ganz bei dir sein, Gott!

Lehre uns, unsere Zunge zu hüten

Du treuer Gott,
auf dich ist Verlass!
Du tust, was du sagst,
und du sagst, was du tust.
Niemals machst du leere Versprechen!

Wie anders ist das bei uns!
Bei uns zählen Worte nur wenig!
Was wir heute sagen,
ist morgen oft schon wieder vergessen,
und wir denken wenig darüber nach,
was unser Geschwätz
bei anderen anrichtet.
Ruf uns zur Besinnung!
Lehre uns, unsere Zunge zu hüten,
und hilf,
dass auch unsere Worte
verlässlich werden.

Psalm 119,
89–91.105.116

Seht, wir gehen hinauf nach Jerusalem,
und es wird alles vollendet werden,
was geschrieben ist durch die Propheten
von dem Menschensohn. (Lukas 18,31)

Estomihi

Du unbegreiflicher Gott,
deine Wege führen
manchmal ins Dunkle,
münden in Leid,
und scheinen im Tod
endgültig zu enden.
Aber auch da,
wo wir nichts mehr erkennen können
von deiner Gerechtigkeit und Güte,
halte uns fest an dir.
Zeig uns durch Jesus,
dass uns am Ende aller Wege
neues Leben erwartet
und das unvorstellbare Licht
deiner Gnade uns umfängt.

Wenn Karneval gefeiert wird:

Lebendiger, lebensbejahender Gott,
wir sehen in diesen Tagen
überall Bilder vom Karneval.
Die Narren bringen viele zum Lachen
über das, was schief läuft
in Politik und Gesellschaft.
Daneben bleiben aber auch
die täglichen Bilder von Gewalt und Elend,
über die wir am liebsten weinen möchten.

Gott, lass uns aus Lachen und Weinen lernen,
uns selbst nicht allzu wichtig zu nehmen,
und mach uns fähig,
tatkräftig, aber auch mit Humor
Leid und Bitterkeit zu bekämpfen.
Das bitten wir im Namen Jesu.

Lass unsere Seele aufatmen

Barmherziger Gott,   Psalm 31, 2–6
nicht nur Feinde von außen bedrohen uns;
der schlimmste Feind
verbirgt sich manchmal in unserem Innern,
flüstert uns Angst ein,
untergräbt unser Selbstbewusstsein,
will uns das Recht auf Glück verbieten.
Du bist nichts wert,
macht er uns glauben,
du kannst nichts,
du taugst nichts,
du darfst nicht stolz sein
auf deine Erfolge.
Mit vielen Stimmen
redet uns dieser innere Feind
jede Lebensfreude kaputt,
und manchmal benutzt er auch fromme Sprüche,
um unsere Seele niederzuhalten.
Wir sind diesem Feind so wenig gewachsen!
Wir schaffen oft nicht einmal,
ihn zu enttarnen,
geschweige denn,
ihn zu besiegen.

Gnädiger Gott, wir bitten dich:
Befrei uns aus seinem Würgegriff.
Lass unsere Seele aufatmen
unter deinem Zuspruch.
Denn du sagst ja zu uns,
trotz unserer Schwächen.
Du vergibst uns unsere Schuld,
damit wir aufrecht und fröhlich leben.
Gott, stärke uns
durch dein Erbarmen.

Dazu ist erschienen der Sohn Gottes,
dass er die Werke des Teufels zerstöre.
(1. Johannes 3,8b)

1. Sonntag der Passionszeit / Invokavit

Du Herr über Mächte und Gewalten,
wir erleben so oft
die Auswirkung des Bösen
im eigenen Leben
und in unserer Welt.
Manchmal erschrecken wir auch
über uns selbst,
wenn uns hasserfüllte Gedanken umtreiben,
wenn wir Häme empfinden beim Unglück anderer,
wenn wir zu feige sind,
menschenverachtenden Parolen
in unserem Umfeld zu widersprechen.

Lass uns nicht los, Gott,
wenn sich in uns Abgründe auftun
und das Böse nach uns greift.
Binde uns an Jesus Christus,
unseren Retter,
und versiegele uns
mit seinem Namen
gegen die Mächte der Finsternis.

Bleib uns Zuflucht vor allem Bösen

Du, unser Gott,   Psalm 91,
auf den wir hoffen,   1–4.11–12
dein Schutz ist stärker
als unsere Angst,
dein Trost viel größer
als unser Kummer,
und deine Liebe reicht weiter
als unser Leben.
Auf diese Gewissheit können wir trauen.
Aber wenn uns das Grauen der Nacht überfällt
in endlosem Grübeln und bösen Träumen,
wenn uns am Tag scharfe Worte verletzen
wie giftige Pfeile,
dann verlieren wir leicht unseren Halt.

Gott,
bleib du uns Zuflucht vor allem Bösen,
schick deine Engel,
dass sie uns behüten
in aller Anfechtung.
Erbarm dich unserer geängstigten Seele.

Gott erweist seine Liebe zu uns darin,
dass Christus für uns gestorben ist, als wir
noch Sünder waren.
(Römer 5,8)

2. Sonntag der Passionszeit / Reminiszere

Noch bevor wir dich kannten,
hast du, Gott, schon ja zu uns gesagt.
Allein aus Gnade
hat Christus sich für uns hingegeben
und uns gerecht gemacht
ohne unseren Verdienst.
Unfassbar groß
ist deine Liebe.
Sie beschämt unseren Kleingeist,
der ständig berechnet,
wem etwas zusteht
und wer wie viel zählt
in unsrer Rangordnung.

Weite unser Herz
und leg deine Güte
in die Waagschale unsrer Urteile.

Lass uns nicht in Gleichgültigkeit fliehen

Schützer der Schutzlosen,　　　　　　　　　　　Psalm 10,
Liebhaber der Armen:　　　　　　　　　　　　4.11–14.17–18
Wenn wir erfahren,
was Menschen anderen Menschen antun,
mit welcher Skrupellosigkeit
sie immer neue Qualen erdenken
und mit welcher Kaltblütigkeit
sie ihre Verbrechen ausführen,
dann kocht in uns ohnmächtige Wut.

Gott, es ist schwer,
nicht irre zu werden
an der Welt und an dir.
Steh auf, Herr,
erhebe deine Hand
und vergiss die Elenden nicht!

Lass uns nicht in Gleichgültigkeit fliehen,
gestatte uns nicht den Rückzug ins private Glück.
Bewahre uns einen kritischen Geist,
ein waches Gewissen
und ein mitfühlendes Herz.
Und du, Gott:
Zerbrich den Arm der Gewalttäter
und suche ihre Bosheit heim,
dass man nichts mehr davon finde!

Wer seine Hand an den Pflug legt und sieht zurück, der ist nicht geschickt für das Reich Gottes.
(Lukas 9,62)

3. Sonntag der Passionszeit / Okuli

Jesus, Sohn Gottes,
du hast deine Heimat im Himmel verlassen,
unbehaust hast du auf der Erde gelebt,
um Menschen zu neuem Leben zu erwecken.
Aber wer kann dir folgen,
ohne Rücksicht
auf alte Bindungen
und Sicherheiten?
Wer ist bereit,
alles zu riskieren
um der Zukunft willen,
die du versprichst?
Nur wenige sind dazu fähig.
Wir hängen zu sehr an dem Vertrauten,
wir suchen lieber den Kompromiss,
uns mangelt das Feuer in unserem Glauben.
Lass uns trotzdem nicht zurück!
Erbarm dich unser
und bau auch mit uns
an deinem Reich.

Lass uns deine Nähe spüren

Du Hüter des Lebens,   Psalm 34,
du weißt, wie leicht unser Herz zerbricht: 16–23
an der menschlichen Kälte in unsrer Gesellschaft,
an der Unbeständigkeit
von Liebe und Freundschaft,
an den vielen alltäglichen Lügen.
Oft fühlen wir uns wie zerschlagen
und ziehen uns in uns selbst zurück.

Gott, lass uns deine Nähe spüren,
heile den Schmerz der Enttäuschungen,
erlöse uns aus der Verlorenheit unseres Lebens.
Erbarm dich unser!

Wenn das Weizenkorn nicht in die Erde
fällt und erstirbt, bleibt es allein;
wenn es aber erstirbt, bringt es viel Frucht.
(Johannes 12,24)

4. Sonntag der Passionszeit / Lätare

Du Gott der Liebe,
warum musste dein Sohn so viel leiden?
Warum hast du ihm sein schweres Los nicht erspart,
bist nicht dazwischengefahren,
als sie ihn quälten,
hast nicht verhindert,
dass er ans Kreuz geschlagen wurde?
Gott, erschließe uns das Geheimnis
von Jesu Passion.
Lass uns erkennen,
was sein Sterben bedeutet
für unser Leben
und seine Auferstehung
für unseren Tod.
Nähre unser Vertrauen zu dir
durch Jesu Hingabe.

Wir danken dir für unsere Gemeinde

Lieber Gott,
wir danken dir,
dass es Orte gibt,
wo wir etwas von dir erfahren.
Wir danken dir für unsere Kirche.

Lieber Gott,
wir danken dir,
dass es Menschen gibt,
die uns zeigen, was Glauben bedeutet.
Wir danken dir für unsere Gemeinde.

Lieber Gott,
wir danken dir,
dass es Zeiten gibt,
in denen wir spüren:
Du bist für uns da.
Wir danken dir für den Gottesdienst
und bitten dich:
Segne ihn auch heute.

(Familiengottesdienst)

Psalm 84, 6–13

Der Menschensohn ist nicht gekommen, dass er sich dienen lasse, sondern dass er diene und gebe sein Leben zur Erlösung für viele.
(Matthäus 20,28)

5. Sonntag der Passionszeit / Judika

Jesus, unser Bruder und unser Erlöser,
mit deiner Macht
machst du uns groß,
mit deiner Liebe
weckst du in uns ungeahnte Talente,
mit deiner Barmherzigkeit
führst du uns aus Feigheit und Versagen
zu neuen Anfängen.

Lass uns deinem Vorbild folgen,
damit wir zu einer Gemeinschaft werden,
die Menschen zum Blühen bringt:
Im Geist deines Sohnes
bestärke uns als Kirche für andere.

Gott, überlass uns nicht unserer Anfechtung

Erhabener Gott,   Psalm 43
es empört uns,
wenn Menschen über dich spotten
und unseren Glauben lächerlich machen.
Es gibt aber auch kritische Fragen,
die uns zutiefst verunsichern
und zweifeln lassen an deiner Gottheit.

Gott, überlass uns nicht der Anfechtung.
Sende dein Licht und deine Wahrheit,
dass sie uns wappnen
gegen Anfeindungen
und uns Halt geben
in unseren Zweifeln.
Stärke den Zusammenhalt unserer Gemeinde
und erfüll uns alle
mit dem Trost deiner Gegenwart.

Der Menschensohn muss erhöht werden,
damit alle, die an ihn glauben, das ewige
Leben haben.
(Johannes 3,14b–15)

6. Sonntag der Passionszeit / Palmarum

Du, Sohn Davids,
unser Befreier,
manchmal wünschten wir,
du kämest in sichtbarer Hoheit daher
und würdest auf einen Schlag
alles Elend beenden.
Aber du kommst auf einem Esel geritten,
in der Gestalt eines machtlosen Menschen,
und dein Weg führt
in Leiden und Sterben.
Du enttäuschst uns,
wenn wir von dir
göttlichen Zauber erwarten.
Aber du tröstest alle,
die auf eine neue Welt hoffen,
denn die Macht deiner Liebe
verschafft dir den Sieg
über alles Böse.

Mach uns von falschen Erwartungen frei
und lehre uns,
dir mit dem Mut der Demut zu folgen.

Die Sehnsucht nach der Buntheit des Lebens

Du Zuflucht aller bedrängten Seelen,   Psalm 69,
wir kennen Menschen,   2–4.8–10
die den Boden unter den Füßen verlieren,
denen so ist,
als würden sie
in einen Abgrund
ohne Ende fallen.
Wir ahnen,
was sie mit Worten
nicht ausdrücken können:
die verzweifelte Suche nach einem Halt,
den Kampf um Hoffnung,
die Sehnsucht nach der Buntheit des Lebens.

Gott, manchmal geht es uns ähnlich.
Wir bitten dich,
sei nicht fern mit deiner Hilfe!
Gib uns Halt an deinem Wort.

Er hat ein Gedächtnis gestiftet seiner
Wunder, der gnädige und barmherzige
Herr.
(Psalm 11,4)

Gründonnerstag

Barmherziger Gott,
mit Brot und Wein
erinnerst du uns
an die Hingabe deines Sohnes.
Er ist unser Passahlamm geworden,
dessen Blut
vom Bann des Todes befreit.
Er ist das Brot des Lebens
für uns,
das uns stärkt
auf dem Weg der Gerechtigkeit.
Gott, halte uns im Gedächtnis
das große Wunder
deiner Liebe.

Auch wir verleugnen dich

Psalm 111

Jesus, unser Bruder,
wir sind hergekommen,
um uns zu erinnern
an die Nacht vor deinem Sterben.
Da hast du mit allen deinen Jüngern
das Mahl der Befreiung gefeiert,
obwohl du wusstest,
wie treulos sie waren.

Wir sind nicht besser.
Auch wir sind nicht dagegen gefeit,
dich zu verraten,
auch wir verleugnen dich manchmal aus Feigheit
und aus dem Wunsch, anderen zu gefallen.
Und würde der Glaube unser Leben gefährden,
würden auch wir dich womöglich verlassen.

Jesus, vergib uns
und schenk uns durch Brot und Wein die Gewissheit,
dass du uns Anteil gibst
an deinem Leben.

Also hat Gott die Welt geliebt, dass er
seinen eingeborenen Sohn gab, damit alle,
die an ihn glauben, nicht verloren werden,
sondern das ewige Leben haben.
(Johannes 3,16)

Karfreitag

Du Sohn Gottes,
unser Erlöser,
du gibst dich hin
an eine Welt,
die dich braucht,
aber nicht will.

Du hältst alles aus,
was deine Jünger dir antun
mit ihrer Feigheit,
mit ihrem Verrat,
mit ihrer Treulosigkeit.

Und selbst im Tod
hörst du nicht auf,
die Welt zu lieben
und deinen Nachfolgern
die Treue zu halten.

Wir können nicht fassen, was das Kreuz
über die Größe deiner Liebe sagt.
Wir halten schlecht aus,
was es uns von unserer Sünde spiegelt.

Jesus, vergib uns
und gib uns Anteil an dem Leben,
das du erkauft hast
mit deinem Tod.

Halte aus, woran wir zerbrechen

Lebendiger Gott,
für immer ist dieser Verzweiflungsschrei
mit dem Sterben deines Sohnes verbunden.
Aber in seine Klage
mischt sich der Schmerz
unzähliger anderer,
die ihren Feinden hilflos ausgeliefert sind
und fürchten,
du hättest auch sie verlassen.

Wir bitten dich, Gott,
hör nicht weg,
selbst wenn das Leid keine Stimme hat,
sieh nicht weg,
selbst wenn kein andrer das Elend ansieht,
geh nicht weg
von den Orten des Jammers auf unserer Erde.
Halte aus,
woran wir zerbrechen.

Gott, unser Gott,
verlass uns nicht!

Psalm 22,
2–6.12.23–28

Christus spricht: Ich war tot, und siehe, ich bin lebendig von Ewigkeit zu Ewigkeit und habe die Schlüssel des Todes und der Hölle.
(Offenbarung 1,18)

Ostersonntag

Der du die Schlüssel zum Leben hast:
Entriegle unser Herz,
dass wir die Osterbotschaft aufnehmen
und ihr vertrauen.
Sperr alle trüben Gedanken aus,
alles, was uns verstört und ängstigt.
Öffne uns für die mächtige Freude
an deinem Sieg
über Tod und Teufel
und mach uns gewiss,
dass sich auch auf der Erde
die Pforten der Hölle schließen werden.

Du Lebendiger,
führe die Welt in heiteren Frieden,
erfüllt vom Jubel aller Geschöpfe
zur Feier des Lebens
und zu deiner Ehre.

Spiel uns das Lied vom Leben

Lebendiger, Leben schaffender Gott,　　　　　　　　Psalm 118,
verankere die Freude dieses Tages　　　　　　　　14–24
in unserem Herz,
damit sie nicht verfliegt,
wenn wir zurückkehren in unseren Alltag.

Präge in unser Gedächtnis ein,
dass du den Tod überwunden hast,
damit wir nicht in Trauer versinken,
wenn wir begraben müssen,
die wir lieben.

Spiel uns das Lied vom Leben,
damit wir von Hoffnung singen können
trotz so viel Sterbens in unserer Welt.

O Herr, hilf, lass wohlgelingen,
dass das Licht des Ostermorgens
uns aufweckt aus Trägheit und aus Zweifeln
und alle Düsternis aus uns vertreibt.

Christus spricht: Ich war tot, und siehe,
ich bin lebendig von Ewigkeit zu Ewigkeit
und habe die Schlüssel des Todes und der
Hölle.
(Offenbarung 1,18)

Ostermontag

Du auferstandener, lebendiger Christus!
Wir feiern mit dir den Sieg des Lebens,
freuen uns an der festen Hoffnung,
dass die Schatten des Todes
weichen müssen aus unserer Welt.

Bewahre uns den großen Trost dieses Tages,
wenn wir im Alltag wieder erleben,
wie zerbrechlich alles ist,
was uns viel bedeutet:
unser Glück,
unsere Gesundheit,
unsere Kraft.
Unser Leben vergeht,
du aber bleibst
und erschließt uns Zukunft
in deiner lebendigen Gegenwart.

Du bist wunderbar, Gott

Ja, lieber Gott,
heute sollen sich alle Menschen freuen
und fröhliche Lieder singen über dich,
denn du hast Jesus auferweckt von den Toten.
Du hast denen, die traurig waren,
die Tränen abgewischt
und sie wieder froh gemacht.
Die, die Angst hatten,
ganz allein und verlassen zu sein,
hast du ermutigt
mit dem Versprechen,
dass Jesus nun immer bei ihnen ist.

Wie gut, dass wir zu dir gehören!
Du tröstest auch uns,
denn niemals lässt uns Jesus im Stich.
Deine Liebe ist größer, tiefer und weiter,
als wir denken können.
Du bist wunderbar, Gott,
dir nahe zu sein ist unser Glück!

(Familiengottesdienst)

Psalm 118, 14–24

Gelobt sei Gott, der Vater unseres Herrn Jesus Christus, der uns nach seiner großen Barmherzigkeit wiedergeboren hat zu einer lebendigen Hoffnung durch die Auferstehung Jesu Christi von den Toten.
(1. Petrus 1,3)

Quasimodogeniti

Du Quelle des Lebens:
So wie das Grün
aus der Erde bricht,
möchten wir
im Glauben wachsen.

Wie sich die Blumen
der Sonne öffnen,
so möchten wir blühen
in Liebe zu dir.

So wie die Bäume
Früchte tragen,
möchten wir
andere nähren
mit Hoffnung.

Gott, weck uns zu einem Leben in Fülle,
um dich zu loben
mit allen Geschöpfen.

Gott, du vertreibst die Schatten des Todes

Allmächtiger Gott,　　　　　　　　　　　　　　Psalm 116,
wir danken dir,　　　　　　　　　　　　　　　1–9
dass du uns schon jetzt neues Leben schenkst.
Du lässt uns aufatmen von unseren Sorgen,
weckst in uns nach bedrückenden Zeiten
wieder ein Lachen
und nimmst uns unsere Ängstlichkeit
durch deinen Zuspruch.
Gott, du vertreibst die Schatten des Todes,
die sich auf unser Leben legen,
und führst uns in die herrliche Freiheit
deiner Kinder.

Auf dich richten sich unser Vertrauen
und unsere Hoffnung.
Erbarm dich unser!

Christus spricht: Ich bin der gute Hirte.
Meine Schafe hören meine Stimme,
und ich kenne sie, und sie folgen mir;
und ich gebe ihnen das ewige Leben.
(Johannes 10,11.27f)

Miserikordias Domini

Hüter des Lebens,
du siehst,
wie oft wir uns abgehängt fühlen
in einer Zeit,
in der alles möglichst schnell gehen muss,
in einer Gesellschaft,
die gnadenlos urteilt über Menschen,
in einer Welt,
deren Probleme uns oft überfordern.

Du weißt,
wie leicht wir uns verirren
in trübe Gedanken,
in leeres Gerede,
in achtloses Tun.

Wir bitten dich:
Suche uns,
wenn wir nicht mehr wissen,
wohin wir gehören.
Finde uns,
wenn wir uns verkriechen.
Du, unser Hirte,
rufe uns
in deine tröstliche Nähe.

Mach uns dein Haus zur Heimat

Du guter Hirte,   Psalm 23
still unseren Mangel an Liebe.
Erquicke unsere müde Seele,
die oft keine Ruhe findet.
Leite uns auf gute Wege,
wenn wir die Orientierung verlieren.
Tröste uns in dunklen Stunden,
wenn wir keinen Ausweg sehen.
Lass uns deine Freundlichkeit schmecken,
wenn wir uns schutzlos und verlassen fühlen.
Mach uns dein Haus des Lebens
zur Heimat.

Ist jemand in Christus, so ist er eine neue
Kreatur; das Alte ist vergangen, siehe,
Neues ist geworden.
(2. Korinther 5,17)

Jubilate   Du Quelle des Lebens,
am Morgen weckt uns
der Jubel der Vögel.
Deine Schöpfung
hat ein neues Kleid angelegt,
und aus allen Farben
leuchtet die Buntheit deiner Gnade.

Erneuere auch uns
im Geist Jesu Christi,
vertreibe die Schatten
aus unserer Seele
und füll unseren Alltag
mit dem Glanz deiner Liebe.

Was du früher getan hast, das tu auch heute

Allmächtiger, barmherziger Gott,　　　　　　　　　　Psalm 66,
wir sind hier,　　　　　　　　　　　　　　　　　　1–9
um uns an dich
und an deine Taten
erinnern zu lassen.
Du hast die Meere der Angst geteilt,
Halt gegeben auf schwankendem Boden
und böse Stimmen zum Schweigen gebracht.
Was wir heute hören,
soll uns in unseren Alltag begleiten,
soll uns über Abgründe tragen,
soll uns Mut geben zu beherztem Handeln.
Gott, was du früher getan hast,
das tu auch heute,
damit das Jubellied von einst
auch zu unserem Jubel werde.

Singet dem Herrn ein neues Lied,
denn er tut Wunder.
(Psalm 98,1)

Kantate Gott, Geber aller guten Gaben,
wir danken dir für die Musik.
Sie erreicht unsere müde Seele
oft besser als Worte.
Sie tröstet,
bewegt,
und nimmt uns mit in andere Sphären.
Im Gesang wird unsere Kehle weit,
wir lassen die Schwere von uns fallen,
und unsere Seele breitet ihre Schwingen aus.
Im Zusammenklang mit anderen Stimmen
fügen sich selbst die brüchigen Töne
zu einem Ganzen,
zu einer neuen Harmonie.

Gott, zu deiner Ehre
wollen wir singen und spielen.
Lass das Lied deiner großen Güte
unser Leben begleiten
und uns auch im Alltag beflügeln
zu deinem Lob.

Wir besingen das Glück, deinen Namen zu kennen

Barmherziger Gott,   Psalm 98
deine Stimme
hat alles, was ist,
ins Dasein gerufen.
Unser Gesang
soll ein Echo geben
auf deine Güte.
Wir preisen dich mit der ganzen Schöpfung
für das Wunder des Lebens.
Wir besingen das Glück,
deinen Namen zu kennen
und dir nahe zu sein.
Mit dem Lob deiner Gerechtigkeit
protestieren wir laut
gegen das Unrecht,
an dem die Welt leidet.

Gott, höre alles,
was wir in unsere Töne legen.
Erfreue dich an unserem vielstimmigen Chor!

Gelobt sei Gott, der mein Gebet nicht
verwirft noch seine Güte von mir wendet.
(Psalm 66,20)

Rogate Barmherziger Gott,
du hast uns ermutigt,
uns an dich zu wenden
mit allem,
was uns am Herzen liegt.
Wenn es uns schlecht geht,
denken wir oft an dich
und bitten um Hilfe.
In guten Zeiten
vergessen wir leicht
dir für alles zu danken.
Und manchmal befällt uns auch ein Zweifel,
ob du wirklich zuhörst,
ob du wichtig nimmst,
was wir dir sagen,
ob du dich bewegen lässt
von unserem Gebet.

Gott, verachte uns nicht
für unseren schwachen Glauben
und das klägliche Beten.
Bewahre uns davor,
vor dir zu verstummen.

Du kennst unsere Gedanken,
du weißt, was wir brauchen.
Erbarm dich unser!

Leite uns hin zu dir

Du unsere Zuversicht und Stärke,　　　　　　　　Psalm 95,
manchmal führst du unser Leben　　　　　　　　1–7b
in große Höhen von Glück und Erfolg:
Lass uns dadurch nicht hochmütig werden.
Und wenn uns Unglück und Versagen
in tiefe Verzweiflung stürzen:
Lass uns nicht in ihr verharren.

In alle Sphären unseres Daseins
reicht deine Macht:
Schütze uns vor bösen Gedanken,
die uns die Lust am Leben nehmen.
Leite uns
durch Höhen und Tiefen
und durch die Gefahren unseres Lebens
hin zu dir.

Christus spricht: Wenn ich erhöht werde von der Erde, so will ich sie alle zu mir ziehen.
(Johannes 12,32)

Christi Himmelfahrt

Jesus, erhöhter Menschensohn,
wir suchen dich
in unserem Leben
und stoßen oft
nur auf Leere.

Wir rufen nach dir
aus unserer Not
und hören oft
keine Antwort.

Wir fühlen uns manchmal
von dir verlassen
wie ein Kind ohne Mutter,
verloren und einsam.

Schließ den Himmel auf!
Zieh uns zu dir
und tröste uns mit deiner Nähe!

Ihm zu dienen macht uns frei

Ja, Gott, du Höchster,
wir lobsingen deinem Namen,
den du in Jesus verherrlicht hast.
Ihm, dem Gekreuzigten,
hast du den Sieg gegeben
über Tod und Teufel.
Alle Macht
im Himmel und auf Erden
hast du in seine Hand gelegt.

Ihm zu dienen
macht uns frei.
Ihm zu gehorchen
macht uns mündig.
Ihm zu folgen
nimmt uns die Angst
vor der Sinnlosigkeit unseres Lebens.

Gott, wir singen das Lob deiner Gnade
im Namen Jesu, unseres Herrn.

Psalm 47, 2–10

Christus spricht: Wenn ich erhöht werde
von der Erde, so will ich alle zu mir
ziehen.
(Johannes 12,32)

Exaudi   Der du vom Tod erstanden bist,
unseren Augen bist du verborgen,
aber in deinem Wort
bist du gegenwärtig und mächtig.
Sprich uns zu Herzen,
zieh uns in den Schutz deiner Güte,
binde uns in Freiheit an dich.

Sei du uns Quelle neuer Lebenskraft

Gott,
wir können nicht sagen:
Wir fürchten uns nicht,
vor nichts kann uns grauen.
Mehr als alles andere
ist es das Chaos in unserer eigenen Seele,
das uns zu verschlingen droht.
Oft lagern sich düstere Gedanken
in uns wie ein Heer,
und in unseren Gefühlen herrscht Aufruhr.
Wir wissen manchmal nicht,
wohin mit uns selbst,
fühlen uns nutzlos und überflüssig.
Es ist, als halte ein böser Geist
unsere Lebenslust gefangen,
und aus eigener Kraft
kommen wir nicht frei.

Gott, entwinde uns den Schlingen,
die uns abschnüren von allem,
was heiter und schön ist.
Vertreibe mit deinem gnädigen Licht
alle Düsternis aus unserer Seele.
Sei du uns Quelle von Lebenskraft!

Psalm 27,
1–7.14

Es soll nicht durch Heer oder Kraft,
sondern durch meinen Geist geschehen,
spricht der Herr Zebaoth.
(Sacharja 4,6)

Pfingstsonntag

Herr der Heerscharen,
erfülle uns mit deinem Geist,
belebe uns,
wenn wir erschöpft sind,
müde geworden
von der Routine
in unserem Leben.
Erfrische unseren Glauben,
wenn wir von dir
nicht mehr viel erwarten.
Locke uns,
deinem Wort zu folgen,
und zu entdecken,
wie viel wir durch dich
bewegen können.
Durchströme uns
mit Freude an dir.

Vertreib alles Schwere aus unserem Herzen

Heiliger Gott,
dies ist der Tag, den du gemacht hast,
damit sich alle Menschen freuen
und fröhlich werden.
Vertreib alles Schwere aus unserem Herzen,
alle grundlosen Ängste,
alle Vorbehalte gegeneinander.
Schaffe dir Raum in unserer Mitte,
entfache das Feuer des Glaubens neu
und bewege uns zu Veränderungen,
die uns und anderen guttun.
Lass gelingen,
dass deine Kirche einträchtig
dein Lob in allen Sprachen verkündet
und Segen wirkt
an vielen Orten unserer Erde.

Psalm 118,
24–29

Es soll nicht durch Heer oder Kraft,
sondern durch meinen Geist geschehen,
spricht der Herr Zebaoth.
(Sacharja 4,6)

Pfingstmontag

Starker und barmherziger Gott,
wir wollen Veränderungen oft erzwingen,
setzen auf Druck
und wollen nicht warten,
bis etwas wächst.

Lehre uns,
deinem Geist zu vertrauen,
der Atem schenkt
und der die Erde
mit Sanftmut verwandelt
im Zeitmaß der Freiheit.

Füll unser Herz mit Vertrauen zu dir

Du Bauherr der Kirche,   Psalm 100
schärf uns das ein:
Du hast uns zu deinem Volk gemacht
und nicht wir selbst.
Deinen Erwählten wirst du treu bleiben
und deinem Wort Geltung verschaffen.
Tröste uns mit deiner Wahrheit,
wenn wir meinen,
wir müssten allein
die Zukunft unserer Kirche sichern.
Rüttle uns auf,
wenn wir mit dem Verweis auf dich
die eigene Trägheit rechtfertigen wollen.
Lehre uns Treue zu unserem Auftrag
und den Respekt vor dessen Grenzen.
Inspirier uns mit guten neuen Ideen
und füll unser Herz mit Vertrauen zu dir.

Heilig, heilig, heilig ist der Herr Zebaoth,
alle Lande sind seiner Ehre voll.
(Jesaja 6,3)

Trinitatis Du Heiliger Israels,
manchmal hören wir
ein Echo des himmlischen Lobgesangs:
Es tönt uns entgegen
aus dem Geäst der Bäume
und dem Sirren der Gräser,
aus dem Meeresrauschen
oder dem Wind;
denn deine ganze Schöpfung
gibt dir die Ehre.
Wir stimmen mit ein
in den Gesang des Universums
und preisen dich
von ganzem Herzen,
von ganzer Seele,
mit aller Kraft.

Sei du uns Halt in aller Wirrnis

Gott, unser Schöpfer,　　　　　　　　　　　　　　　Psalm 145
die Welt ist so unübersichtlich geworden:　　　(in Auswahl)
Traditionen sind zerbrochen,
Werte sind verlorengegangen.
Sei du uns Halt in aller Wirrnis!

Jesus, Menschensohn,
du teilst unser Leben,
kennst die Abgründe unserer Seele,
siehst die Hilflosigkeit und Wut,
die wir voreinander verbergen.
Heile uns von allem,
was krank macht.

Heiliger Geist,
du Quelle von Lebenskraft,
leite uns mit Klarheit und Güte
durch das Labyrinth unseres Lebens.
Zeig uns die Spuren der kommenden Welt,
dass wir ihnen folgen
in Hoffnung und Tatkraft.

Heiliger, dreieiniger Gott,
erbarme dich unser.

Christus spricht zu seinen Jüngern:
Wer euch hört, der hört mich; und wer
euch verachtet, der verachtet mich.
(Lukas 10,16)

1. Sonntag nach Trinitatis

Du Mensch gewordenes Gotteswort,
wir wissen oft nicht,
wie wir von dir reden sollen.
Nur stammelnd können wir beschreiben,
was du für uns bist
und was uns unser Glauben bedeutet.
Wie sollen andere
in unserem hölzernen Reden
deine Stimme erkennen?
Wie sollen sie
durch unsere dürftigen Worte
Vertrauen fassen zu deiner Güte?

Fülle uns mit der Kraft deines Geistes
und trage dein Evangelium
auch durch uns
ins Herz vieler Menschen.

Mit allen Sinnen wollen wir dich loben

Barmherziger Gott,
du lässt uns mit allen Sinnen
deine Freundlichkeit erfahren.
Aus deinem Wort hören wir
Trost und Mahnung für unser Leben.
Am Kreuz deines Sohnes sehen wir,
wie grenzenlos deine Liebe ist.
In Brot und Wein
schmecken wir deine Vergebung
und erleben neue Gemeinschaft
in deinem Geist.

Mit allen Kräften
wollen wir dich loben.
Unser ganzes Leben gebe dir Dank.

Psalm 34,
2–11

Christus spricht: Kommt her zu mir alle,
die ihr mühselig und beladen seid;
ich will euch erquicken.
(Matthäus 11,28)

2. Sonntag nach Trinitatis

Du, unser Heiland und Erlöser,
in deine Nähe sehnen wir uns,
wenn das Leben uns zur Last wird,
wenn wir den täglichen Druck
nicht mehr ertragen,
wenn wir am Ende sind
mit unserer Kraft.
Gemeinsam mit vielen
bitten wir dich:
Erquicke unsere Seele.
Stärke unsere müden Hände
und mache fest
unsere wankenden Knie.

Führe uns aus unserem Zwiespalt

Barmherziger Gott,   Psalm 36,
Liebhaber des Lebens: 6–11
Wir leiden am Zustand unserer Erde,
am Elend der Menschen,
an der Qual vieler Tiere
und an der Ausbeutung der Natur.
Trotzdem ändern wir nur wenig
am eigenen Verhalten.
Verzicht fällt uns schwer,
und unsere Ansprüche wachsen weiter.
Wir wollen nichts Böses
und tragen doch Mitschuld an vielem Unheil.

Gott, führe uns aus unserem Zwiespalt.
Leite uns an zu entschlossenem Handeln
und lehre uns,
heilsame Grenzen zu achten.
Mach uns zu wahrhaftigen Hütern der Schöpfung.

Der Menschensohn ist gekommen,
zu suchen und selig zu machen,
was verloren ist.
(Lukas 19,10)

3. Sonntag nach Trinitatis

Jesus, unser Bruder,
such uns,
wenn wir uns in Nichtigkeiten verlieren,
wenn wir uns verstecken
vor unserer Verantwortung,
wenn wir fliehen
aus der Realität.

Finde uns
hinter unseren Fassaden,
in unseren Ängsten,
in unserer Schuld.

Bring uns zurück
in deine tröstliche Nähe,
führe uns
in heilende Gemeinschaft
mit anderen Menschen
und mit dir.
Begleite uns
in neue Freiheit.

Lehre uns, auch mit uns selbst barmherzig zu werden

Barmherziger Gott,
du handelst nicht mit uns nach unserer Sünde
sondern überwindest das Böse mit Gutem.
Du vergiltst uns nicht nach unserer Missetat,
sondern schenkst uns neue Anfänge.
Mach uns auch untereinander barmherzig,
nachsichtig mit Fehlern,
geduldig mit Schwächen,
großherzig, einander Schuld zu vergeben.

Und wenn wir zu streng mit uns selbst umgehen,
uns überfordern
und ständig nur unsere Mängel anstarren,
dann lehre uns,
auch mit uns selbst barmherzig zu werden.
Lass uns unsere Stärken erkennen,
Erfolge genießen,
und gib uns den Mut,
in unserer Schwachheit
um Hilfe zu bitten.

Gott, gründe uns in deiner Güte.

Psalm 103, 1–5.8–13

Einer trage des anderen Last,
so werdet ihr das Gesetz Christi erfüllen.
(Galater 6,2)

4. Sonntag nach Trinitatis

Du Gott des Lebens,
es tut uns gut,
gebraucht zu werden,
helfen zu können
und wichtig zu sein
für andere Menschen.
Aber uns selbst
fällt es meist schwer,
um Hilfe zu bitten.
Wir schämen uns,
unsere Schwächen zu zeigen,
wir haben Angst,
anderen lästig zu werden
mit unseren Sorgen.

Gott, mach uns frei,
einander vertrauensvoll zu begegnen,
um Hilfe zu bitten
und Hilfe zu bieten,
so wie es dran ist.
Übe uns ein
in Gegenseitigkeit.

Still unsere Sehnsucht

Gott, es gibt so viel ungestillte Sehnsucht,   Psalm 42,
Sehnsucht nach Beachtung,   2–12
nach Anerkennung, nach Liebe,
Sehnsucht nach dir.

Es gibt so viele unbeantwortete Fragen,
Fragen nach dem Sinn des Lebens
und nach dem Sinn unbegreiflichen Sterbens,
Fragen nach unserer Zukunft,
Fragen nach dir.

Es gibt so viel Schuld,
Schuld, die wir kennen,
Schuld, die wir verdrängen,
Schuld, die uns verzweifeln lässt,
weil sie uns trennt
von anderen Menschen
und von dir.

Gott, sieh hinter die Masken,
die wir tragen.
Still unsere Sehnsucht.
Antworte auf unsere Fragen
und vergib uns unsere Schuld.

Aus Gnade seid ihr selig geworden
durch Glauben, und das nicht aus euch:
Gottes Gabe ist es.
(Epheser 2,8)

5. Sonntag nach Trinitatis

Gott, unser Schöpfer,
unser Glück ist dein Geschenk,
und der Halt im Unglück ist Gnade.
Aber oft bilden wir uns ein,
wir hätten uns alles selbst zu verdanken,
hätten das gute Leben verdient
mit unserer Tugend, unserer Leistung und Disziplin.
Selbstgerecht begegnen wir anderen,
gnadenlos urteilen wir über ihr Scheitern
und erteilen billige Erfolgsrezepte.

Gott, hol uns herunter vom hohen Ross!
Stell uns die Schwachen an die Seite
und lass uns das Leben gemeinschaftlich meistern
im Geist deiner Freundlichkeit und Güte.

Dann bleibe du dennoch bei mir

Du treuer Gott,　　　　　　　　　　　　　　　　Psalm 73,
wie kann ich versprechen,　　　　　　　　　　14.23–26.28
in allen Krisen und Anfechtungen
dennoch stets bei dir zu bleiben?
Ich traue mir selbst nicht über den Weg,
weil ich meine Schwächen kenne:
Zu schnell gebe ich mich Gefühlen hin,
zu leicht lasse ich mich von anderen beeinflussen.
Vieles wirft mich aus der Bahn.

Dennoch bei dir bleiben
gegen die Zweifel,
gegen den Zeitgeist,
gegen die eigene Unstetigkeit –
Gott, das möchte ich versuchen.
Aber sollte ich scheitern,
dann bleibe du
dennoch bei mir!

So spricht der Herr, der dich geschaffen hat: Fürchte dich nicht, denn ich habe dich erlöst; ich habe dich bei deinem Namen gerufen; du bist mein.
(Jesaja 43,1)

6. Sonntag nach Trinitatis

Du, Heiliger Israels,
durch Jesus Christus auch unser Vater:
Manchmal wissen wir nicht,
wohin wir gehören,
wem wir etwas bedeuten,
auf wen wir in Krisen zählen können
und wer uns unser Glück wirklich gönnt.
Nimm uns unberechtigte Ängste
und mach uns gewiss:
Wir gehören zu dir,
dir sind wir wichtig,
auf dich ist Verlass zu allen Zeiten,
du meinst es wahrhaft gut mit uns.
Unser Erlöser, erbarme dich unser!

Heile die beschädigten Seelen

Barmherziger Gott,　　　　　　　　　　　　　　　　Psalm 139,
von allen Seiten umgibst du uns mit deiner Güte　　1–16.23–24
und hältst deine Hand liebevoll über uns.
Aber manchen erscheint deine Nähe bedrohlich.
Als Kinder haben sie gelernt,
in ihr nur Kontrolle zu verstehen.
Nun möchten sie deinem Blick entkommen,
sich befreien aus deinem Griff.

Gott, vergiftet sind manche Bilder von dir,
mit Angst besetzt deine göttliche Macht.
Befreie uns von falschen Lehren,
die das Vertrauen zu dir zerstören.
Heile die beschädigten Seelen
durch tröstliche Worte
und durch unsere Gemeinschaft,
die deine große Güte bezeugt.

So seid ihr nun nicht mehr Gäste und
Fremdlinge, sondern Mitbürger der
Heiligen und Gottes Hausgenossen.
(Epheser 2,19)

7. Sonntag nach Trinitatis

Du, Gott Israels,
Herr der Welt,
durch deinen Sohn
hast du auch uns dein Haus geöffnet
und weist uns ein
in deine Regeln des Zusammenlebens.
Aber wir müssen weiterhin lernen,
dass wir dich nicht allein für uns haben.
Unseren jüdischen Geschwistern
neiden wir ihr älteres Hausrecht.
Menschen aus anderen Nationen
möchten wir unsere Lebensweise aufzwingen.
Wir sind keine guten Hausgenossen
und stoßen andere mit unserem Gehabe
oft vor den Kopf.

Gott, führ uns im Geist deiner Liebe zusammen
und mach unsere Gemeinschaft
offen und gastfrei für viele Neue.
Segne dein Weltenhaus mit Frieden.

Erlöse uns aus unserer grundlosen Tristesse

Barmherziger Gott,
unser Leben ist geprägt
von Spuren deiner Güte.
Du hast uns aus Notlagen gerettet,
hast uns Wünsche erfüllt
und unerwartet Freude geschenkt.
Eigentlich können wir nicht klagen.
Dennoch gibt es Tage,
da verdüstert sich plötzlich unsere Seele,
überzogene Ansprüche rauben uns die Zufriedenheit,
Nichtiges baut sich vor uns auf wie ein Berg,
und unser Dasein scheint uns sinnlos.
Wir werden sie manchmal nicht los,
die trüben Geister,
die uns die Freude am Leben nehmen.
Sie spinnen uns ein
in ihr klebriges Netz,
legen uns einen grauen Schleier
über die Augen,
dass wir das Gute nicht mehr erkennen.

Gott, erlöse uns
aus unserer grundlosen Tristesse.

Psalm 107, 1–9

Lebt als Kinder des Lichts; die Frucht des
Lichts ist lauter Güte und Gerechtigkeit
und Wahrheit.
(Epheser 5,8–9)

**8. Sonntag
nach Trinitatis**

Du Gott des Lichts,
als Söhne und Töchter deiner Liebe
möchten wir leben,
anderen Menschen mit Güte begegnen,
Gerechtigkeit suchen für die Schwachen
und ehrlich bleiben,
auch mit uns selbst.

Aber oft scheitern wir
mit unseren guten Vorsätzen,
werden schnell ungeduldig mit anderen,
sind bedacht auf den eigenen Vorteil
und machen uns über uns selbst etwas vor.

Erfülle uns mit der Klarheit deines Geistes
und mit der verändernden Kraft deiner Gnade.
Ermächtige uns zu einem Leben
in Güte, Gerechtigkeit und Wahrheit.

Mach Jerusalem zu einem Ort des Friedens

Du Hüter Israels,
wenn wir an Jerusalem denken,
wird in uns große Sehnsucht wach:
die Sehnsucht nach der himmlischen Stadt,
der Stadt des Friedens,
in der du sichtbar bei den Menschen wohnst
und wo das Lachen der Erlösten
die Straßen erfüllt.

Aber auch der irdischen Stadt Jerusalem
hast du deine Treue geschworen.
Du liebst ihre Schönheit,
nimmst teil an den Konflikten ihrer Bewohner,
leidest an ihrer Zerrissenheit.

Gott, verbinde auch unser Herz
mit dem Geschick der Heiligen Stadt
und mache sie schon in unseren Zeiten
zu einem Ort der Versöhnung,
an dem sich Menschen aus allen Völkern
an deiner Gabe des Friedens freuen.

Psalm 48,
2–3a.9–11

Wem viel gegeben ist, bei dem wird man viel suchen; und wem viel anvertraut ist, von dem wird man umso mehr fordern.
(Lukas 12,48)

9. Sonntag nach Trinitatis

Gott, du Geber aller Gaben,
du hast uns reich gemacht
an Erfahrungen und Möglichkeiten,
an Beziehungen und auch an Besitz.
Wir möchten anderen Anteil geben
an dem, was wir haben und was wir können,
sind aber oft ratlos,
auf welche Weise.
Wir haben Sorge,
dass unser Geld
nicht bei den Richtigen ankommt.
Wir wollen niemanden
mit unserer Hilfe beschämen,
nicht lästig werden
mit altklugem Rat.

Bewahre uns davor,
uns aus übertriebener Vorsicht
aus allem herauszuhalten.
Gib uns Weisheit,
gute Entscheidungen zu treffen
und das, was wir zu bieten haben,
sinnvoll zu teilen.

Beweise deine Macht auch in unserer Schwachheit

Gott,   Psalm 40, 9–11
wie sollen wir anderen
von deiner Gerechtigkeit erzählen,
wenn selbst in der Kirche
nicht alles recht zugeht!
Wie können wir von deiner Wahrheit reden,
wenn Lug und Trug
auch unter Christen verbreitet sind!
Und wie sollen wir auf dein Heil hinweisen,
wenn bei uns selbst so vieles nicht heil ist!

Gott, wir sind oft keine glaubwürdigen Zeugen!
Wirke dennoch durch deine Kirche,
sprich auch durch uns andere Menschen an,
beweise deine Macht
auch in unserer Schwachheit!

Wohl dem Volk, dessen Gott der Herr ist,
dem Volk, das er sich zum Erbe erwählt
hat.
(Psalm 33,12)

10. Sonntag nach Trinitatis / Israelsonntag

Gnädiger Gott,
du hast deinen Namen
auf ewig verbunden mit Israel.
Nie hast du deinem Volk die Treue gekündigt,
durch alle Abgründe hast du es begleitet.
Wir haben das lange nicht verstanden,
haben Israel seine Erwählung geneidet
und deine Treue zu ihm bestritten.
Erst langsam überwinden wir
alte Vorurteile und böse Klischees,
fangen erst langsam an zu begreifen,
dass wir mit Israel zusammengehören
und dass wir gemeinsam
einzig von deiner Gnade leben.
Wir bitten dich,
vertiefe das Verständnis füreinander
und hilf, dass sich unsere Verbundenheit
im Alltag bewährt.

Stell uns deinem Volk in fester Verbundenheit zur Seite

Ewiger Gott, Richter der Welt,
wir hören die Klage deines Volkes
und müssen erkennen,
wie oft Christen dazu Anlass boten,
sie aufs Neue anzustimmen.
Nicht nur einmal mussten jüdische Menschen
die Zerstörung ihrer Gotteshäuser beweinen.
Nicht nur einmal hat sie die Angst
vor der Gewalttätigkeit der Feinde
aus ihrer Heimat vertrieben.
Nicht nur einmal wurden viele von ihnen ermordet
und ganz Israel von Vernichtung bedroht.

Du, Heiliger Israels,
vergisst das Leiden deines Volkes nicht.
Du hast seine Tränen bei dir gesammelt
und wirst über seine Peiniger richten.
Vor dir bekennen wir die Schuld unserer Kirche,
die oft Hass gegen Juden gesät hat in Christi Namen.
Vor dir bekennen wir auch eigene feindselige Gedanken,
die uns manchmal noch überkommen.

Wir bitten dich, gerechter Gott:
Vergib uns um deiner Barmherzigkeit willen
und stell uns deinem jüdischen Volk
in fester Verbundenheit zur Seite.

Psalm 74, 1–3.8.11–20

Gott widersteht den Hochmütigen,
aber den Demütigen gibt er Gnade.
(1. Petrus 5,5)

**11. Sonntag
nach Trinitatis**

Allwissender Gott,
du lässt dich nicht täuschen
von den schönen Fassaden,
die wir voreinander aufrichten:
Nach außen geben wir uns gern bescheiden,
aber insgeheim sehen wir auf andere herab,
dünken uns moralisch besser,
glauben zu wissen,
was sie tun oder lassen sollten.
Vielleicht merken wir manchmal gar nicht,
wie überheblich wir sind!
Aber du, Gott,
entlarvst auch den verborgenen Hochmut.
Du widerstehst jeder Scheinheiligkeit.

Wir bitten dich:
Reinige uns
von eitler Selbsttäuschung.
Gib uns den Mut
zu echter Demut.

Verändere das Los der Unterdrückten

Barmherziger Gott,
ja, wer ist wie du!
Du Herr des Himmels
widerstehst den Menschen,
die sich gern zum Herrgott aufspielen.
Mit deiner Liebe
ergreifst du Partei für die kleinen Leute,
lässt dich nicht darüber täuschen,
was Armut bewirkt,
wie sehr sie quält an Leib und Seele,
wie viele Existenzen sie zerstört.
Du siehst aber auch,
wie Überdruss und Leere
das Leben der Reichen auslaugen.

Gott, beweise deine Macht,
die heilsam verändert,
was im Argen liegt.
Nimm uns für dich in Anspruch
und erfüll uns mit Freude
an deiner Gerechtigkeit!

Psalm 113, 1–8

Das geknickte Rohr wird er nicht zerbrechen, und den glimmenden Docht wird er nicht auslöschen.
(Jesaja 42,3)

12. Sonntag nach Trinitatis

Barmherziger Gott,
wenn wir unser Leben betrachten,
sehen wir darin manche Brüche:
gescheiterte Pläne,
enttäuschte Hoffnungen,
verratene Liebe.
Bei manchen von uns
ist nicht viel übrig geblieben
von dem Elan,
etwas noch einmal neu zu beginnen.
Die Lebenslust
brennt oft nur noch auf kleiner Flamme.

Gott, versöhne uns
mit den Beschädigungen unseres Lebens,
befreie uns von fruchtloser Rückwärtsgewandtheit
und stärke uns zu Schritten der Heilung.

Zieh den Stachel alter Kränkungen

Gott, du weißt,
was wir voneinander meist nicht wissen.
Du kennst den Kummer,
den wir verbergen,
du siehst die unterdrückte Wut.

Heile, was wir nicht heilen können.
Verbinde die Wunden,
die sich schon lange nicht schließen wollen.
Zieh uns den Stachel alter Kränkungen
aus dem Herzen.
Nimm uns die Scham,
einander zu zeigen,
wie verletzlich wir sind,
und ebne den Weg
zu einem neuem Verständnis.
Schaffe unserer Seele Frieden.

Psalm 147,
3–6.11–14a

Jesus Christus spricht: Was ihr getan habt
einem von diesen meinen geringsten
Brüdern, das habt ihr mir getan.
(Matthäus 25,40)

13. Sonntag nach Trinitatis

Erhabener Gott,
dein Herzschlag ist Barmherzigkeit.
Du thronst im Himmel
und wohnst bei den Armen,
lässt dich nicht abhalten
von der Hässlichkeit der Not:
dem Dreck, dem Gestank,
dem verrohten Umgang.
Du siehst die Größe der kleinen Leute,
die andere so oft übersehen.
Du achtest ihre Tapferkeit,
die andere nicht zu würdigen wissen.
Du liebst ihre Großherzigkeit,
über die andere spotten.

Gott, lehre uns,
genau hinzusehen
und uns anrühren zu lassen
vom Los der Verlierer in unserer Gesellschaft.
Verbinde uns mit ihnen in Respekt
und im beharrlichen Ringen
um eine gerechtere Verteilung des Wohlstands.

Stärke uns durch das Vorbild Jesu.

Fülle unsere hungrige Seele

Gnädiger Gott,　　　　　　　　　　　　　　　　　　　　Psalm 112,
einzigartig hast du einen jeden von uns gemacht.　　　5–9
Aber wir vergleichen uns oft mit anderen,
konkurrieren mit ihnen
und haben Sorge,
zu kurz zu kommen.
Für unsere Erwartungen
kennen wir kaum noch ein Genug,
und in dem Erreichten
finden wir keine Ruhe.

Gott, strafe uns nicht für unsere Unersättlichkeit.
Fülle unsere rastlose Seele
mit Vertrauen zu dir
und mach uns fähig,
Glück zu gönnen
und Glück zu teilen.

> Lobe den Herrn meine Seele und vergiss
> nicht, was er dir Gutes getan hat.
> (Psalm 103,2)

14. Sonntag nach Trinitatis

Gnädiger und barmherziger Gott,
so viele Spuren deiner Güte
prägen unseren Lebensweg,
so viele Gründe, dich zu loben!
Wir fassen unseren Dank
nicht immer in Worte,
teilen ihn dir nicht jeden Tag mit.
Aber du kennst uns,
und wir sind sicher:
Du freust dich,
wenn wir glücklich sind.

Und wenn schwere Zeiten unser Glück ablösen,
wenn Sorge unsere Tage füllt
und die Angst vor Vergänglichkeit
unsere Nächte belagert,
dann lass uns das Gute nicht vergessen,
das du uns getan hast,
damit wir im Unglück nicht verzweifeln,
sondern die Hoffnung auf dich behalten.

Gott, erfüll uns mit Lebensatem,
sättige uns mit Lebenskraft
durch deine Nähe.

Gründe uns ganz fest in dir

Gott,   Psalm 146
warum lassen wir uns immer wieder
so sehr von anderen Menschen beeindrucken,
machen uns abhängig
von deren Meinung,
sind krampfhaft bemüht,
ihnen zu gefallen!
Wir könnten doch wissen,
wie wenig beständig
der Erfolg ist,
und wie leicht uns Menschen enttäuschen.

Löse uns aus fragwürdigen Beziehungen.
Befreie uns von Abhängigkeiten.
Stärke unser Selbstbewusstsein
und gründe uns
ganz fest in dir.

Alle eure Sorge werft auf ihn,
denn er sorgt für euch.
(1. Petrus 5,7)

15. Sonntag nach Trinitatis

Barmherziger Gott,
wir sehnen uns danach,
sorglos zu leben
und kommen doch
von unseren Sorgen nicht los.
Sie verderben die Tage,
rauben den Schlaf,
und oft verstellen sie uns
den Blick für das Gute,
das uns trotz allem umgibt.
Manche von uns
können kaum noch leben,
ohne zu jammern,
spüren sich selbst
nur noch in Klagen
und in Kritik.
Die Sorgen sind zur Sucht geworden.

Gott, löse den Bann
negativer Gedanken.
Nimm uns die Last des Grübelns ab.
Lass uns wirksame Hilfe finden
bei anderen Menschen
und bei dir.

Mach uns deiner Güte gewiss

Barmherziger Gott,   Psalm 127,
von deiner Güte leben wir.   1–2
Dein Segen lässt unsere Arbeit gelingen.
Aber oft bilden wir uns ein,
wir müssten uns alles selbst erkämpfen.
Wir stehen manchmal so unter Druck,
dass wir zu zerbrechen drohen,
und wenn wir schließlich zur Ruhe kommen,
sind wir ausgebrannt und leer.
Auf die Frage: »Wofür das alles?«
wissen wir dann keine Antwort.

Ja, es ist umsonst,
dass wir früh aufstehen
und hernach lange sitzen
und unser Brot mit Sorgen essen,
wenn wir nicht unsere Grenzen erkennen
und auf deine Hilfe trauen.

Gott, schenke uns Gelassenheit
und mach uns deiner Güte gewiss.

Jesus Christus hat dem Tode die Macht genommen und das Leben und ein unvergängliches Wesen ans Licht gebracht durch das Evangelium.
(2. Timotheus 1,10)

16. Sonntag nach Trinitatis

Auferstandener Christus,
wir wünschten,
dass vieles anders wird
in unserem Leben
und in unserer Welt.
Zugleich hängen wir an dem Gewohnten,
und möchten möglichst auf nichts verzichten.

Nimm uns unberechtigte Ängste.
Lass uns im Bündnis mit anderen Menschen
Mut zu Veränderungen finden
und im Teilen das Glück entdecken.

Gib unserem Leben neuen Schwung
und richte es aus auf deine Zukunft.

Treib uns unser Selbstmitleid aus

Du Gott allen Trostes,　　　　　　　　　　　　Psalm 68,
wir sind schnell dabei,　　　　　　　　　　　　4–7a.20–21
über alles zu stöhnen,
was uns nicht sofort gelingt;
wir klagen gern über Belanglosigkeiten,
und pflegen unsere kleinen Wehwehchen.
Treib uns falsches Selbstmitleid aus,
mach allem fruchtlosen Jammern ein Ende.
Aber wenn Lasten unser Leben erdrücken
und wir zu zerbrechen drohen,
dann lass uns spüren,
dass du ein Gott bist,
der beim Tragen hilft.

Unser Glaube ist der Sieg, der die Welt überwunden hat.
(1. Johannes 5,4)

17. Sonntag nach Trinitatis

Gnädiger Gott,
manche biblischen Worte
sind zu groß für uns,
um sie ehrlich nachzusprechen.
Wir können nicht von uns behaupten,
unser Glaube habe die Welt überwunden.
Zu oft droht er zu zerbrechen
an der Macht der Tatsachen,
an den Problemen,
die wir nicht durchschauen,
an dem Ausmaß
von Gewalt und Leid.
Gott, wir gehören noch zu dieser Welt,
wir lieben sie trotz ihrer Schrecken
und sehnen uns meist nicht von ihr weg.

Im Geist deines Sohnes
lass uns dem Bösen widerstehen
und unsere Welt zum Guten verändern.

Gott, befrei uns von dem Aufrechnen

Barmherziger Gott,　　　　　　　　　　　　　　　Psalm 25,
wir alle leben von deiner Vergebung　　　　　　　8–15
und von deiner Großherzigkeit.
Aber wie kleinlich halten wir anderen oft vor,
was sie alles falsch gemacht haben!
Wie lange tragen wir ihnen ihre Schuld nach
und sind nicht bereit,
ihnen eine neue Chance zu geben.
Unser Urteil ist oft hart und endgültig,
und unser Verhalten unversöhnlich!

Gott, befrei uns von der Sucht,
einander alles aufzurechnen!
Nimm uns die Angst,
durch Nachsicht und Entgegenkommen
das Gesicht zu verlieren,
lass uns das Glück der Versöhnung mehr schätzen
als das eigene Recht behalten.
Erweiche unser verhärtetes Herz
durch dein Erbarmen.

Dies Gebot haben wir von ihm, dass, wer Gott liebt, dass der auch seinen Bruder liebe.
(1. Johannes 4,21)

18. Sonntag nach Trinitatis

Gott,
wie leicht ist es,
von Liebe zu reden,
und wie schwer,
sie zu praktizieren.
Wir können die Eigenheiten anderer
oft nicht ertragen,
sind ungeduldig mit ihren Schwächen,
möchten sie ändern
nach unserem Wunschbild.

Gott,
du bist Liebe,
du nimmst uns an,
so wie wir sind.
Weite unser Herz für andere.
Lehre uns,
einander wertschätzend zu begegnen.
Lass aus Beteuerungen von Liebe
liebevolles Verhalten werden.

Lass mich blühen unter deiner Liebe

Gott, Psalm 1
wie ein Baum möchte ich feststehen
im Vertrauen auf dich.
Ich möchte Wurzeln schlagen
im Grund deiner Güte,
und mein Leben soll fruchtbar sein
und andere nähren an Leib uns Seele.

Gott, lass mich wachsen
unter dem Segen deines Wortes.
Lass mich blühen
unter deiner Liebe
und den Stürmen des Lebens standhalten
durch deine Kraft.

Aller Augen warten auf dich, Herr, und du gibst ihnen ihre Speise zur rechten Zeit.
(Psalm 145,15)

Erntedankfest

Gott,
wir danken dir,
dass du uns sättigst
an Leib und Seele.
Richte unser Vertrauen
auf deine Barmherzigkeit.

Wir sehen
den großen Hunger auf unserer Erde,
den wir mitverschulden
durch unseren Lebensstil.
Richte unser Handeln
auf deine Gerechtigkeit.

Wir warten
gemeinsam mit allen Geschöpfen,
dass du Himmel und Erde erneuerst
und Frieden schaffst
unter den Völkern.
Richte unser Hoffen
auf dein Kommen.

Herr, komme bald!

Wie schön hast du unsere Erde gemacht

Schöpfer der Welt,
wie schön hast du unsere Erde gemacht,
mit wie viel Liebe alles gestaltet!
Überall können wir Wunder entdecken,
überall Zeichen deiner weisen Ordnung.
Du hast alles so eingerichtet,
dass genug da ist für alle Geschöpfe,
dass alle glücklich leben können.

Es muss dir wehtun,
wenn wir die Spuren deiner Liebe nicht achten,
gedankenlos umgehen mit deiner Schöpfung.
Du musst daran leiden,
wie rücksichtslos Menschen die Erde ausbeuten,
wie brutal der Verteilungskampf unter uns ist,
wie unerträglich das Los der Armen!

Gott, wir möchten aufmerksamer werden
für unsere Umgebung und für dich,
möchten deine Schöpfung schützen
und für die Rechte der Menschen eintreten!
Es mangelt uns nicht an guten Absichten.
Ermächtige uns, sie in die Tat umzusetzen.

Psalm 104,
10–15.27–30

Heile mich, Herr, so werde ich heil; hilf mir, so ist mir geholfen.
(Jeremia 17,14)

19. Sonntag nach Trinitatis

Du, unser Heiland,
wir wünschen uns
vor allem Gesundheit,
fürchten Unfälle,
möchten nie gebrechlich werden,
angewiesen auf fremde Hilfe.

Wir bitten dich,
zeig uns,
dass das Leben seinen Wert nicht verliert,
wenn wir nicht mehr können
wie wir wollen.
Heile uns von falschen Maßstäben
für gelingendes Leben.
Lass Liebe und Freundschaft
unsere Schwachheit ausgleichen.
Hilf uns,
die Zerbrechlichkeit unseres Lebens
getrost anzunehmen.

Wir schämen uns für unsere Schwächen

Gnädiger Gott, wir tun uns oft schwer,　　　　　Psalm 32,
uns selbst ehrlich einzugestehen,　　　　　　　1–5.10–11
dass wir nicht sind, wie wir gern scheinen.
Wir schämen uns für unser Versagen
und haben Angst,
dass wir in fremden Augen
wertlos erscheinen.

Wie gut tut es da,
wenn wir erleben,
dass wir nicht festgenagelt werden
auf unsere Schuld,
nicht verachtet
für unser Scheitern.
Wie gut tut es,
darauf vertrauen zu dürfen:
Du bist ein Gott,
der vergibt!

Es ist dir gesagt, Mensch, was gut ist und was der Herr von dir fordert, nämlich Gottes Wort halten und Liebe üben und demütig sein vor deinem Gott.
(Micha 6,8)

20. Sonntag nach Trinitatis

Lebendiger Gott,
du sagst uns,
was gut ist,
und wir wollen dir folgen.
Aber oft bleiben wir
bei unseren guten Absichten stehen.
Wenn wir Entscheidungen fällen müssen,
bedenken wir vieles gründlicher
als die Frage nach deinem Willen.
Wir wollen dir die Ehre geben,
aber auf unsere nicht verzichten.
Gott, wir folgen dir nur halbherzig!
Vergib uns und leite uns an,
unser Leben zu ändern
nach deinem Geheiß.

Manchmal erschrecken wir vor den allzu Sicheren

Wahrhaftiger, treuer Gott,
manchmal erschrecken wir vor den allzu Sicheren,
die ganz genau zu wissen scheinen,
was dein Wille ist,
die von sich sagen,
sie selbst seien auf dem richtigen Weg.

Auch wir sehnen uns nach Glaubensgewissheit,
aber wir möchten nicht selbstgerecht werden,
möchten andere Meinungen hören,
möchten uns üben in Toleranz.
Manchmal verlieren wir dabei
die nötige Klarheit,
driften ab in Beliebigkeit
und lassen uns den Verstand vernebeln
von Meinungsmachern.

Gott,
verbinde unsere Offenheit
mit der Treue zu deinem Wort.
Führe uns mit anderen zusammen
in der Suche nach Frieden
und im Tun des Gerechten.
Erleuchte unseren Weg
durch das Licht deiner Weisung.

Psalm 119, 101–108

Lass dich nicht vom Bösen überwinden,
sondern überwinde das Böse mit Gutem.
(Römer 12,21)

21. Sonntag nach Trinitatis

Gott, du Versöhner und Friedensstifter,
Menschen können so rücksichtslos sein,
so hinterhältig und gemein.
Das macht uns wütend
und erfüllt uns manchmal
mit Hassgedanken
und Rachegelüsten.
Wir lassen uns leicht
vom Bösen anstecken
und drehen mit an der Spirale
der Gehässigkeiten.

Das soll nicht so bleiben!
Leite uns an,
im Geist deiner Liebe
aus schädlichen Mustern auszuscheren
und im Denken und Handeln
Böses mit Gutem zu überwinden.

Mach uns gemeinsam mit Israel
zu Liebhabern deiner Gebote

Barmherziger Gott,   Psalm 19,
die Freude an deinem Wort   10–15
lässt Menschen in der Synagoge tanzen
und hoffnungsvoll in die Zukunft blicken.
Wir wünschten, wir könnten dieses Glück
selbst auch so stark empfinden,
könnten über unseren Schatten springen
und dich genauso ausgelassen feiern.
Denn dein Wort wirkt auch unter uns befreiend,
gibt Orientierung,
stiftet Gemeinschaft!

Gott,
mach uns gemeinsam mit Israel
zu Liebhabern deiner Gebote
und zu Zeugen deiner Liebe.

Bei dir ist die Vergebung, dass man dich fürchte.
(Psalm 130,4)

22. Sonntag nach Trinitatis

Gerechter Gott,
dass du uns kennst
mit allen Schwächen
und uns trotzdem liebst,
das ist unser Trost.

Dass du uns nicht festlegst
auf Schuld und Versagen,
sondern uns weiter Zutrauen schenkst,
das ist unsere Hoffnung.

Dass du stärker bist
als die Macht des Bösen
und neues Leben schaffst aus dem Tod,
das ist unsere Rettung.

Gott, deine Größe
gebietet uns Ehrfurcht,
deine Güte
weckt Dankbarkeit und Liebe zu dir.

Nimm uns in Anspruch
für die Heilung der Welt.

Lass uns zur Ruhe kommen

Gott,   Psalm 143, 1–10
manchmal kommen wir nicht mehr zurecht
mit unserem Leben,
manchmal erscheint uns alles sinnlos.
Dann liegen wir nachts lange wach
und grübeln, warum alles so kommen musste,
so anders, als wir es uns erhofften.
Warum war unser Glück so flüchtig?
Warum sind wir gescheitert mit unseren Plänen,
die einmal so verheißungsvoll schienen?
Warum haben wir keine Kraft,
alte Probleme zu überwinden?

Gott,
um solche Fragen kreisen unsre Gedanken.
Liefere uns ihnen nicht endlos aus!
Zeig uns, was unser Leben
trotz aller Wunden und Niederlagen
kostbar und sinnvoll bleiben lässt.
Lass uns zur Ruhe kommen
im Vertrauen auf dich.

Dem König aller Könige und dem Herrn
aller Herren, der allein Unsterblichkeit hat,
dem sei Ehre und Macht.
(1. Timotheus 6,15–16)

23. Sonntag nach Trinitatis

Ewiger Gott,
wenn die Farben im Garten verblassen,
wenn der Wind
die Blätter von den Bäumen fegt
und die Tage kürzer werden und dunkel,
dann greift oft Traurigkeit nach uns.
Wo finden wir Trost,
wenn Abschiede unser Leben verwunden?
Wer braucht uns noch,
wenn unsere Kraft verfällt?
Wie werden wir sterben?

In deiner Hand
ist alles Leben geborgen.
Sag uns Worte,
die unsere geängstigte Seele erreichen
und die uns in unserer Wehmut trösten.
Weck in uns Vertrauen,
das unseren Fragen standhält.

Mit geliehenen Worten treten wir vor dich

Allmächtiger Gott,
wir leihen uns die Worte unserer Vorfahren,
die ihre Erfahrung mit dir beschreiben
und starke Bilder von Hoffnung entwerfen.
Wir sprechen nach,
was unserem Glauben viel zu groß ist.
Denn was wir erleben,
lässt uns oft zweifeln
an deiner Güte.
Hohe Erwartungen haben wir längst
gegen Ablenkung eingetauscht,
und in den Enttäuschungen unseres Lebens
ist uns viel Vertrauen verlorengegangen.

Mit geliehenen Worten von Glaubensgewissheit
treten wir vor dich,
halten sie dir unsicher entgegen
und bitten dich:
Hör sie als unsere Sehnsuchtsworte
und lass uns Heimat in ihnen finden.

Psalm 33, 13–22

Einen anderen Grund kann niemand legen
als den, der gelegt ist,
welcher ist Jesus Christus.
(1. Korinther 3,11)

**Gedenktag
der Reformation**

Gnädiger Gott,
der du seit jeher die Deinen
aus der Knechtschaft geführt hast:
Durch Jesus Christus
hast du auch uns
zur Freiheit befreit.
Er macht uns los
von dem Gesetz der Angst,
das unseren Wert an Leistung bindet
und uns verkrümmt
in die ständige Sorge,
ob wir genügen
vor anderen Menschen
und vor dir.
Er richtet uns auf
durch das Wort deiner Gnade
und öffnet uns den verengten Blick
für die Weite deiner Gerechtigkeit.

Gott, gründe unser Leben in ihm.
Stärke den Glauben,
der in tätiger Liebe
unserer Hoffnung Gestalt gibt.

Gründe unsere Gemeinden in deiner Treue

Du treuer Gott,   Psalm 46,
vertreibe mit deinem guten Wort   2–8
die Furcht deiner Kirche,
unterzugehen in der Menge
fremder Heilslehren,
Menschen nicht mehr zu erreichen
mit deiner Botschaft,
nichts mehr auszurichten
in unserer Gesellschaft.
Stärke unseren Zusammenhalt,
wenn wir uns auf verlorenem Posten wähnen.
Biete uns Zuflucht,
wenn wir vor den Trümmern
alter Gewissheiten stehen.
Belebe unser Vertrauen zu dir
und erfülle uns mit Zuversicht und Stärke.

Mit Freuden sagt Dank dem Vater,
der euch tüchtig gemacht hat zu dem
Erbteil der Heiligen im Licht.
(Kolosser 1,12)

24. Sonntag nach Trinitatis

Gott, unser Vater,
du schenkst uns Freiheit,
unser Leben zu gestalten.
Aber wir verspielen sie leicht
durch unsere Angst,
zu kurz zu kommen.
Wir machen uns abhängig
von falschen Versprechen,
klammern an Beziehungen,
die uns nicht guttun,
und fürchten heilsame Veränderungen.
Gott, lass uns unsere Torheit erkennen.
Gib uns Klarheit,
um in deinem Geist
das Leben zu meistern,
aufrecht und frei,
beherzt und fröhlich.

Lehre uns, unser Maß zu finden

Ewiger Gott,   Psalm 39,
aus deiner Hand empfangen wir   5–8
die Zeit unseres Lebens,
Chancen und Grenzen
für unser Tun.

Aber wir möchten am liebsten
alles grenzenlos genießen,
nichts auslassen,
auf nichts verzichten,
was machbar ist.

Gott,
lehre uns,
unser Maß zu finden,
Rücksicht auf andere zu nehmen
und an kommende Generationen zu denken.
Steh uns bei,
wenn wir loslassen müssen
von unserer Jugend,
von unserer Gesundheit,
von unserem Glück.
Versöhne uns mit unserer Begrenztheit
und birg uns am Ende
in deinem grenzenlosen Erbarmen.

Siehe, jetzt ist die Zeit der Gnade,
jetzt ist der Tag des Heils!
(2. Korinther 6,2)

Drittletzter Sonntag des Kirchenjahres

Herr der Zeiten,
wir danken dir,
dass uns deine Güte
alle Morgen neu begegnet.
Löse uns aus fruchtlosem Grübeln
über das Gestern,
und lass uns das Leben nicht verschieben
auf ein ungewisses Morgen.
Richte unseren Blick
auf die Chancen des Heute,
damit wir Wichtiges nicht versäumen.
Lehre uns, unsere Zeit auskosten
und deiner Gnade im Jetzt zu trauen.

Gewähre uns Zuflucht

Ewiger Gott,   Psalm 90,
birg uns im Mantel deiner Liebe,   1–14 [15–17]
wenn uns kalt wird von innen her,
wenn Trauer und Trostlosigkeit über uns herfallen
und alles nur noch sinnlos erscheint.
Gewähre uns Zuflucht,
wenn wir nur noch darüber grübeln,
was wir versäumt
oder falsch gemacht haben,
und wenn uns die Wehmut
über ungelebte Träume einholt.
Halt uns fest, du starker Gott,
wenn der Boden unter uns wankt
und unsere Lebensentwürfe zerbrechen,
wenn wir erkennen, wie hohl vieles ist,
was wir darstellen und behaupten,
oder wenn uns das Ziel unseres Daseins verschwimmt.

Gott, mit der Verworrenheit unserer Gefühle,
mit Fragen und Zweifeln
flüchten wir uns zu dir.
Herr, erbarm dich über uns!

Wir müssen alle offenbar werden vor dem
Richterstuhl Christi.
(2. Korinther 5,10)

**Vorletzter
Sonntag des
Kirchenjahres /
Volkstrauertag**

Jesus, unser Bruder,
dass du uns zum Richter wirst,
ist uns ein fremder Gedanke geworden.
Dass du uns einmal prüfen wirst,
schürt in uns Unbehagen und Angst.
Wer wird vor dir bestehen können,
wenn du die Wahrheit über uns aufdeckst,
wenn du ans Licht bringst,
was wir am liebsten verborgen halten,
wenn uns keine Ausrede nützt?

Richte uns mit Barmherzigkeit!
Lass uns erkennen,
was wir versäumt und verschuldet haben,
aber vergib uns
und bring uns in Einklang
mit deinem Willen.
Wir bitten dich:
Erbarm dich unser!

Lass Versöhnung wachsen

Du Gott des Friedens: Psalm 50,
Wir denken zurück 1.4–6.14–15.23
an das Unheil der vergangenen Kriege,
an das zertretene Glück
und das zerstörte Leben
so vieler Menschen.
Wir versuchen,
der besonderen Schuld unseres Volkes
ins Auge zu sehen,
sie nicht zu verharmlosen, nicht wegzureden.
Aber wir beklagen auch die deutschen Gefallenen
und die Opfer der Bombennächte in unserem Land.

Nie wieder soll sich Krieg wiederholen,
nie wieder Gewalt Menschenleben vernichten,
nie wieder Städte in Trümmer fallen:
Das war die Lehre aus dem massenhaften Sterben,
und doch wird bis heute Blut vergossen,
und Hass und Profitgier fordern weiter ihren Tribut.

Gnädiger Gott,
wir bitten dich:
Lass doch endlich Versöhnung wachsen,
wo Feindschaft herrscht.
Lass Trost einkehren,
wo Menschen leiden.
Breite deinen Frieden aus
über alle Völker der Welt.

Gerechtigkeit erhöht ein Volk,
aber die Sünde ist der Leute Verderben.
(Sprüche 14,34)

Buß- und Bettag

Gnädiger und gerechter Gott,
du lehrst uns,
was echte Größe ausmacht
und was Bestand hat vor deinen Augen.
Wir verzetteln uns oft in Rivalitäten,
pflegen die eigenen Eitelkeiten
und lassen die Stärken anderer nicht gelten.
Daran kranken auch unsere Kirchen.
Wir bitten dich:
Sporn uns an zu einem gemeinsamen Kampf
für Frieden, Gerechtigkeit
und den Schutz deiner Schöpfung.
Vereine uns über alle Unterschiede hinweg
in der Liebe zu dir
und zu den Menschen.
Kröne Versöhnung mit deinem Segen.

Erspar uns das Erschrecken nicht

Gnädiger, geduldiger Gott,   Psalm 51,
offen von unserer Sünde zu reden   3–14
gelingt uns nur selten.
Schuld einzugestehen
fällt uns schwer,
und die Bitte um Vergebung
will uns kaum über die Lippen.
Lieber reden wir uns heraus,
sagen: So schlimm war es doch gar nicht,
oder: Andere sind noch schlimmer als ich.

Du hast es schwer mit uns, Gott.
Wir machen dir Mühe
mit unserer Uneinsichtigkeit und unserem Stolz.
Wir kränken dich in deinem Erbarmen
mit unserer Selbstgerechtigkeit.

Gott, hilf uns,
ehrlich mit uns selbst zu werden.
Erspar uns das Erschrecken nicht
über die Abgründe unserer Seele
und über das Böse, das wir anrichten.
Aber überlass uns nicht der Verzweiflung,
wenn wir einsehen müssen,
dass vieles nicht gutzumachen ist.
Gott, vergib uns unsere Schuld
und lass uns zu neuen Menschen werden
im Vertrauen auf dich.

Lasst eure Lenden umgürtet sein und eure
Lichter brennen!
(Lukas 12,35)

**Ewigkeits-
sonntag**

Ewiger Gott,
Herr der Zeiten:
Wir denken zurück an die Menschen,
die einmal zu unserem Leben gehörten
und nun nicht mehr sind.
Die Liebe, die uns noch immer verbindet
lässt uns schmerzhaft spüren,
wie sehr sie uns fehlen.
Das Unabgeschlossene in der Beziehung zu ihnen
sucht uns oft in Gedanken heim,
und manche von uns
können sich nicht lösen
von dem, was einmal gewesen ist.

Gott,
bei dir suchen wir Zuflucht
mit unseren Erinnerungen.
Bei dir sind unsere Toten geborgen.
Bei dir finden wir Kraft für unser Leben.
Mach uns deiner Vergebung gewiss,
damit wir zur Ruhe kommen können
über dem, was nicht mehr zu ändern ist.
Heile die Trauer,
die jede neue Freude verhindert.
Tröste uns mit deinem heilenden Wort.

Öffne den Schleier unserer Trauer

Gnädiger Gott,　　　　　　　　　　　　　　　　Psalm 126
dein Wort rührt an die tiefe Sehnsucht,
dass einmal wahr wird,
was du versprichst:
dass Weinen sich in Lachen wandelt,
Kummer in Freude,
Tod in Leben.

Öffne den Schleier unserer Trauer,
dass wir schon jetzt durch ihn hindurchsehen
und in den Momenten von Trost
Spuren des Kommenden erkennen.

Hilf uns zu bewahren,
was wir hören,
und zu hoffen,
was noch wie ein Traum erscheint!
Herr, unser Gott,
tu Großes an uns!

Register

Altes Testament

Sprüche 14,34	144
Psalm 1	123
Psalm 2	15
Psalm 8	25
Psalm 10,4.11–14.17–18	51
Psalm 11,4	60
Psalm 19,10–15	131
Psalm 22,2–6.12.23–28	63
Psalm 23	71
Psalm 24	7
Psalm 25,8–15	121
Psalm 27,1–7.14	81
Psalm 31,2–6	47
Psalm 31,20–25	43
Psalm 32,1–5.10–11	127
Psalm 33,12	106
Psalm 33,13–22	135
Psalm 34,2–11	89
Psalm 34,16–23	53
Psalm 36,6–11	91
Psalm 37,1–7a	39
Psalm 39,5–8	139
Psalm 40,9–11	105
Psalm 42,2–12	95
Psalm 43	57
Psalm 46,2–8	137
Psalm 47,2–10	79
Psalm 48,2–3a.9–11	103
Psalm 50,1.4–6.14–15.23	143
Psalm 51,3–14	145
Psalm 66,1–9	73
Psalm 66,5	36
Psalm 66,20	76
Psalm 68,4–7a.20–21	119
Psalm 69,2–4.8–10	59
Psalm 71,14–18	21
Psalm 72,1–3.10–13.19	29
Psalm 73,14.23–26.28	97
Psalm 74,1–3.8.11–20	107
Psalm 80,2–7.15–20	9
Psalm 84,6–13	55
Psalm 85,2–8	11
Psalm 86,1–11.17	35
Psalm 89,2–6.20–23.27–30	31
Psalm 90,1–14[15–17]	141
Psalm 91,1–4.11–12	49
Psalm 95,1–7b	77
Psalm 96	17.19
Psalm 97	41
Psalm 98	75
Psalm 98,1	74
Psalm 100	85
Psalm 102,17–23	13
Psalm 103,1–5.8–13	93
Psalm 103,2	114
Psalm 103,8	22
Psalm 104,10–15.27–30	125
Psalm 105,1–8	33
Psalm 107,1–9	101
Psalm 107,1–2.23–32	37
Psalm 111	61
Psalm 112,5–9	113
Psalm 113,1–8	109

Psalm 116,1–9	69	Matthäus 20,28	56
Psalm 118,14–24	65.67	Matthäus 25,40	112
Psalm 118,24–29	83		
Psalm 119,89–91.105.116	45	Lukas 9,62	52
		Lukas 10,16	88
Psalm 119,101–108	129	Lukas 12,35	146
Psalm 121	23	Lukas 12,48	104
Psalm 126	147	Lukas 13,29	34
Psalm 127,1–2	117	Lukas 18,31	46
Psalm 130,4	132	Lukas 19,10	92
Psalm 138,2–5	27	Lukas 21,28	8
Psalm 139,1–16.23–24	99		
Psalm 143,1–10	133	Johannes 1,14a	14.16.18.20
Psalm 145 (in Auswahl)	87	Johannes 1,14b	26
Psalm 145,15	124	Johannes 1,17	32
Psalm 146	115	Johannes 3,14b–15	58
Psalm 147,3–6.11–14a	111	Johannes 3,16	62
		Johannes 10,11.27f	70
Jesaja 6,3	86	Johannes 12,32	78.80
Jesaja 40,3a.10a	10	Johannes 12,34	54
Jesaja 42,3	110		
Jesaja 43,1	98	Römer 5,8	50
Jesaja 60,2	40	Römer 8,14	30
		Römer 12,21	130
Jeremia 17,14	126		
		1. Korinther 3,11	136
Daniel 9,18	42	1. Korinther 4,5b	38
Micha 6,8	128	2. Korinther 5,10	142
		2. Korinther 5,17	72
Sacharja 4,6	82.84	2. Korinther 6,2	140
Sacharja 9,9	6		
		Galater 6,2	94
Neues Testament		Epheser 2,8	96
		Epheser 2,19	100
Matthäus 11,28	90	Epheser 5,8–9	102

Philipper 4,4.5b	12	1. Johannes 4,21	122
		1. Johannes 5,4	120
Kolosser 1,12	138		
Kolosser 3,17	24	1. Timotheus 6,15–16	134
1. Petrus 1,3	68	2. Timotheus 1,10	118
1. Petrus 5,5	108		
1. Petrus 5,7	116	Hebräer 3,15	44
1. Johannes 2,8	28	Offenbarung 1,18	64.66
1. Johannes 3,8b	48		